Prénom .... Date 1

SAHARA

POURQUOI EST-CE UN DÉSERT ?

Cette région très sèche, sablonneuse ou rocailleuse est dépourvue de végétation. Les déserts couvrent une grande partie de la surface de la Terre. Le Sahara est le plus grand d'entre eux : il couvre plus de 8 millions de km^2.

LE DÉSERT LE PLUS GRAND DU MONDE

Le Sahara est un vaste désert de sable et de pierres situé dans le nord de l'Afrique. Il s'étend sur 5 000 km de l'Atlantique à la mer Rouge. Il couvre en totalité ou en partie les pays suivants : l'Algérie, le Maroc, la Tunisie, la Libye, l'Égypte, la Mauritanie, le Mali, le Niger, le Tchad et le Soudan.

Le relief du Sahara est varié : on y trouve des massifs montagneux, des plateaux couverts de pierres, de vastes plaines et des dunes de sable, symbole du désert (elles ne représentent pourtant que 20 % de la surface du Sahara). Les dunes forment des collines en forme de croissant. Le paysage des dunes change sans cesse au gré du vent qui soulève le sable.

Le climat est sec : il ne pleut presque jamais, il fait très chaud le jour. La température peut atteindre 60 °C en Libye. Il fait très froid la nuit, la température peut descendre en dessous de zéro.

QU'EST-CE QU'UNE OASIS ?

Une oasis est un endroit, dans un désert, où les plantes poussent parce que de l'eau affleure en surface ou se trouve à faible profondeur. C'est un lieu de vie. Les voyageurs y font étape, contents de trouver eau, ombre, nourriture et repos. Les animaux y trouvent l'eau indispensable à leur survie.

DES ANIMAUX ET DES HOMMES

Les animaux des sables africains sont des reptiles (lézards et vipères), des rongeurs (gerboises) et quelques grands mammifères herbivores : une sorte de gazelle, l'addax, et les indispensables dromadaires surnommés les « vaisseaux du désert ». Les dromadaires avancent à 4 km/h ; ils peuvent marcher 15 heures d'affilée et porter 150 kg sur leur dos. Le Sahara est le domaine des nomades Maures ou Touaregs qui élèvent moutons et dromadaires.

1 Réponds.

Pourquoi peut-on dire que le Sahara est un désert ? ....

....

....

2 Écris V (vrai) ou F (faux).

Le Sahara est le désert le plus grand du monde. ☐

Il n'est constitué que de sable. ☐

Il s'étend de l'Atlantique à la mer Noire. ☐

Le relief du Sahara est varié. ☐

Le climat est sec. ☐

La température est constante (elle ne varie pas). ☐

3 Écris la liste des pays couverts par le Sahara.

....

....

4 Complète avec les adjectifs du texte.

Le jour, il fait très .... La nuit, il fait très ....

Le climat est .... Le relief est ....

5 Explique.

Pourquoi le paysage des dunes change-t-il sans cesse ? ....

....

Pourquoi dit-on que l'oasis est un lieu de vie ? ....

....

....

6 Colorie en rouge le nom des animaux du désert saharien, en jaune le nom des habitants.

lézards	addax	vipères	gerboises	dromadaires	éléphants
Maures	Aborigènes	Touaregs			

Prénom .... Date 2

Cro-Magnon l'artiste

Quatre millions d'années pour faire l'homme moderne

Quand l'australopithèque, l'homme préhistorique le plus ancien, commence à marcher sur ses deux pieds, il franchit une étape importante. Le fait d'être debout libère les mains et la tête, permet le développement du cerveau et donc de l'intelligence. Il faudra tout de même attendre deux à trois millions d'années pour voir apparaître l'Homo sapiens sapiens, l'homme moderne.

Qui est l'homme de Cro-Magnon ?

L'Homo sapiens sapiens est apparu il y a 35 000 ans. En Europe, on l'appelle l'homme de Cro-Magnon. C'est le nom d'une grotte de Dordogne où ses ossements ont été découverts. Cet homme moderne est notre ancêtre direct. Très bien adapté à son environnement, cet homme préhistorique chasse le gibier avec des armes élaborées (sagaies, harpons...). Il sait pêcher, coudre des peaux... Il est aussi le premier artiste.

Les premiers artistes

Depuis quand les hommes dessinent-ils ? Sans doute depuis très longtemps. Mais on n'en a aucune trace. Les premiers traits faits sur le sol, le sable, la neige ou les peaux d'animaux ont disparu depuis longtemps. Les seuls témoignages sont les dessins peints ou gravés sur les parois de certaines grottes. Les plus anciens remontent à 30 000 ans.

La grotte de Lascaux

La plus célèbre et la plus vaste est la grotte de Lascaux dans le Périgord. Elle est ornée de près de 300 peintures exécutées il y a 20 000 ans sur les parois rocheuses. Les dessins exploitent au mieux le relief de la roche pour souligner la forme et le mouvement des animaux. On y voit des cerfs, des aurochs, des chevaux, des rennes, des bisons… et aussi un homme couché.

Les couleurs viennent de pigments naturels : l'ocre pour le jaune, l'oxyde de fer pour le rouge et la suie pour le noir. Ces pigments étaient mélangés à de la graisse animale. Découverte par des enfants en 1940, cette grotte a été fermée en 1963, car en raison de sa grande fréquentation par les visiteurs les peintures de la grotte s'abîmaient. Elle a été reproduite à l'identique ; c'est cette « fausse » grotte que l'on visite aujourd'hui.

1 Explique.

Pourquoi le fait de marcher sur ses deux pieds a été une étape importante dans la vie de l'homme préhistorique ? ....

....

....

Pourquoi certains hommes préhistoriques sont-ils appelés hommes de Cro-Magnon ? ....

....

....

Pourquoi dit-on que les hommes de Cro-Magnon sont les artistes de la préhistoire ? ....

....

....

2 Relie.

l'australopithèque	•	•	l'homme moderne
l'Homo sapiens sapiens	•	•	l'homme le plus ancien

3 Coche ce qui est vrai.

- ☐ L'Homo sapiens sapiens est apparu il y a 35 000 ans.
- ☐ Les australopithèques sont les premiers artistes.
- ☐ Les hommes préhistoriques dessinent sans doute depuis très longtemps.
- ☐ Les dessins les plus anciens remontent à 3 000 ans.
- ☐ La grotte de Lascaux se trouve dans le Périgord.
- ☐ Elle est ornée de près de 600 gravures.

4 Écris le nom des couleurs obtenues.

On utilise de l'ocre pour obtenir du ....

On utilise de l'oxyde de fer pour obtenir du ....

On utilise de la suie pour obtenir du ....

Prénom .... Date 3

Le Pont-Neuf

Au bord de la Seine, sur le Pont-Neuf, un mendiant chante, en s'accompagnant à l'orgue de Barbarie, la complainte du Vieux Pont-Neuf.

Il a bon dos le Vieux Pont-Neuf,
Bras étendu d'une rive à l'autre ;
Il en a vu de toutes les couleurs
Le Vieux Pont-Neuf.
Le Vieux Pont-Neuf,
Il en a vu défiler des bateliers
Et des bateaux
Sur la Seine ;
Il en a vu des défilés et des parades,
Des bateleurs et des badauds...
Sur la Seine.
Il en a vu de toutes les couleurs,
Il en a fait couler de l'encre,
Le Vieux Pont-Neuf.
Il en a vu passer et trépasser
Du monde,
Depuis Henri IV
Jusqu' à la Ve de nos Républiques ;
Il en a vu, revu, palsambleu !
Depuis le panache blanc, jusqu'au tricolore,
Il en a vu de toutes les couleurs.
Le Vieux Pont-Neuf sans histoires
Tout doucement est entré dans l'Histoire ;
Il a bon dos le Vieux Pont-Neuf.

Raymond Devos, *Matière à rire*,
Éditions Plon, 1991.

1 Réponds.

Sur quel fleuve le Pont-Neuf est-il construit ? ....

Qui chante cette complainte du Pont-Neuf ? ....

Avec quel instrument s'accompagne-t-il ?..

2 Coche ce qui est vrai.

☐ Cette complainte a été écrite par Raymond Devos.

☐ Le Pont-Neuf est le nom d'un bateau.

☐ Ce pont a été édifié sous Louis XIV.

☐ Cette complainte est une ancienne chanson qui date de l'époque de Henri IV.

3 Explique.

Qu'a de particulier la liste des mots : bateliers, bateaux, bateleurs ? ....

....

Pourquoi dit-on du Pont-Neuf qu'il est vieux ? ....

....

4 Souligne en bleu le sens propre (courant) et en rouge le sens figuré (imagé).

Il a bon dos. → Il est costaud. / Il sert d'excuse.

Il en a vu de toutes les couleurs. → Il a vu beaucoup de couleurs différentes. / Il a subi beaucoup d'épreuves difficiles.

Il en a fait couler de l'encre. → Il a beaucoup fait parler de lui. / Il a renversé un flacon plein d'encre.

5 Relie.

Une histoire •	• Les événements du passé
L'Histoire •	• Un récit ou un conte
Le panache blanc •	• Le temps des républiques
Le panache tricolore •	• Le temps de Henri IV

À cheval !

Ce qu'il faut savoir

Monter à cheval est une sensation merveilleuse, mais c'est aussi un sport difficile. Devenir un bon cavalier nécessite un long apprentissage. Bien connaître sa monture demande de l'attention et du temps. En France, il y a 4 500 clubs équestres où l'on découvre comment faire du cheval avec des moniteurs. L'apprenti cavalier commence le plus souvent par monter des poneys. On apprend les gestes à faire :
- s'approcher du cheval en l'abordant toujours par la gauche ;
- lui passer le licol (l'harnachement) ;
- lui mettre le tapis de selle et la selle ;
- monter dessus ;
- trouver (et garder !) l'équilibre ;
- contrôler et diriger le cheval ;
- se déplacer à différentes allures (le pas, le trot, le galop).

Chaque séance se termine toujours par un brin de toilette nécessaire : bouchonner le cheval (enlever les saletés et démêler les crins avec une brosse appelée « bouchon »), curer les pieds (enlever terre et cailloux coincés sous les sabots). C'est le bon moment pour caresser son cheval, lui parler... Lui aussi apprend à connaître son cavalier !

Comment contrôler et diriger sa monture

Le cavalier doit toujours être maître de la vitesse et de la direction de son cheval.
Pour avancer : on ferme les jambes, on serre les mollets ou on donne un petit coup de talon.
Pour s'arrêter : on ferme les mains sur les rênes, puis on tire doucement en arrière en levant légèrement les mains.
Pour changer de direction : on se sert des rênes.

Quand on sait bien monter, on peut ensuite partir en promenade ou en randonnée, faire de la voltige ou participer à des concours hippiques (saut d'obstacles, dressage).

1 Entoure la bonne réponse.

Devenir un bon cavalier → s'apprend très vite. / → nécessite un long apprentissage.

Un cheval s'aborde toujours → par la droite. / → par la gauche.

L'harnachement du cheval s'appelle → le licol. / → l'étrier.

2 Réponds.

Qu'est-ce qu'un club équestre ? ....

....

Quels sont les gestes que l'apprenti cavalier doit apprendre (écris-en quatre) ?

....

....

....

....

Quelles sont les différentes allures du cheval ? ....

....

Par quoi chaque séance d'équitation se termine-t-elle ? ....

....

3 Barre l'intrus (le mot qui n'a pas de rapport avec les chevaux).

un cavalier | une équation | un concours hippique | un club équestre | l'équitation

4 Relie.

Pour avancer •	• on ferme les mains sur les rênes, puis on tire doucement en arrière en levant légèrement les mains.
Pour s'arrêter •	• on ferme les jambes, on serre les mollets.
Pour changer de direction •	• on se sert des rênes.

Prénom .... Date **5**

DESSINE UN CUBE

Dessine un cube en perspective en utilisant une feuille de papier quadrillé.

1. Trace un carré de quatre carreaux de côté en t'aidant des lignes de la feuille.
Ce premier carré représente la face avant du cube.

2. Trace les arêtes de deux carreaux à partir de chaque sommet du carré, fais des pointillés pour les arêtes cachées.

3. Relie les sommets du cube.

D'AUTRES SOLIDES

Voici d'autres solides dessinés en perspective :

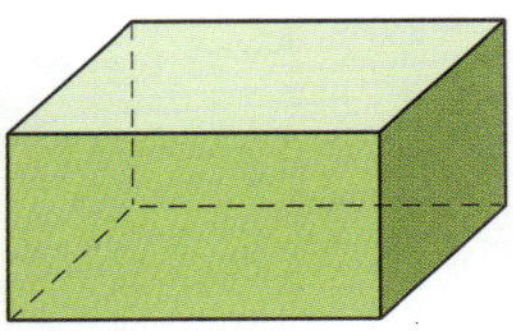

un parallélépipède rectangle (pavé)

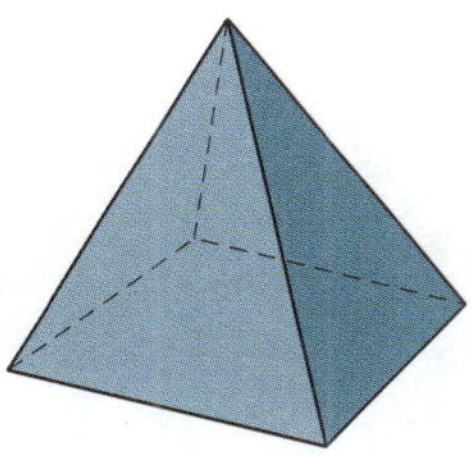

une pyramide

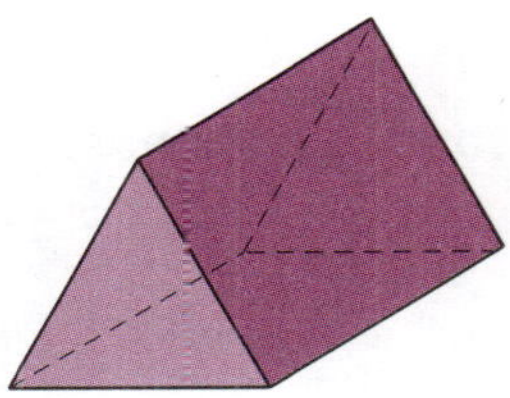

un prisme

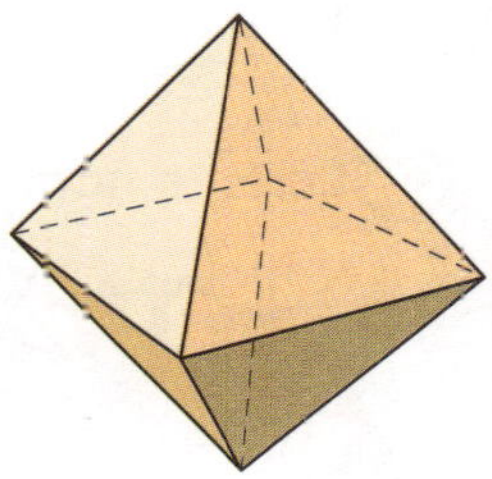

un octaèdre régulier

Voici trois solides qui peuvent rouler :

une sphère

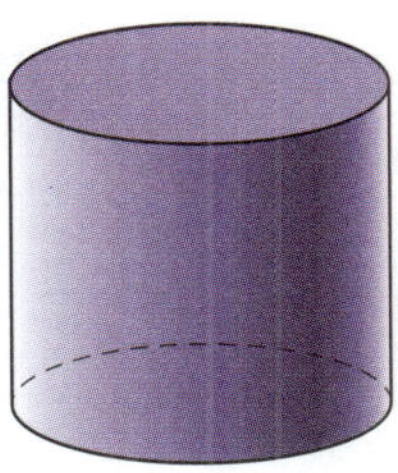

un cylindre

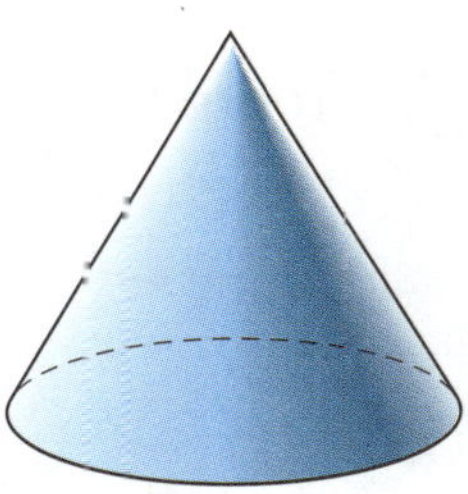

un cône

1 Coche ce qui est vrai.

Les instructions permettent de :

☐ construire un cube.

☐ dessiner un cube en perspective.

On conseille d'utiliser :

☐ une feuille blanche.

☐ du papier quadrillé.

2 Réponds.

Que faut-il tracer en premier ? ……………………………………

Comment les coins pointus s'appellent-ils ? ……………………………

Comment symbolise-t-on les arêtes cachées ? ……………………………

……………………………………………………………………

3 Relie le nom du solide à sa description.

Le cube	•	•	Elle a 5 faces, 8 arêtes et 5 sommets.
La pyramide	•	•	Il a 6 faces qui sont 6 carrés égaux.
Le pavé	•	•	Il a 6 faces, 8 sommets, 12 arêtes.

4 Écris le nom des solides dessinés.

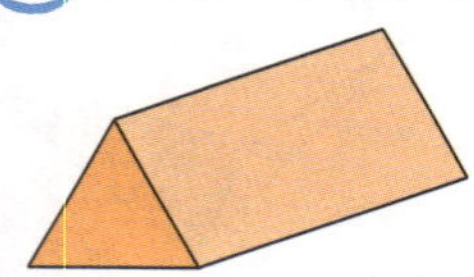

……………………………

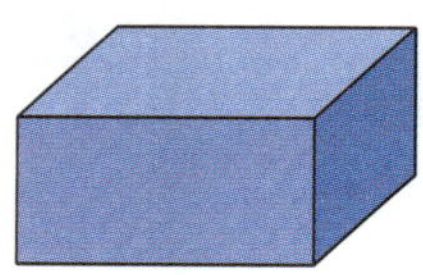

……………………………

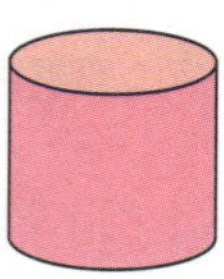

……………………………

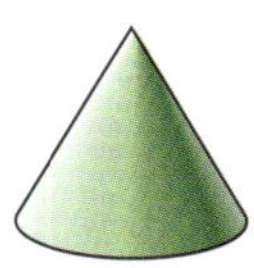

……………………………

……………………………

5 Entoure le nom des formes planes qui permettent de construire les solides.

Le cube → des carrés / des rectangles

La pyramide → des carrés / des triangles

Le cylindre → des carrés / des cercles

Le pavé → des triangles / des rectangles

Prénom .... Date 6

Un portrait célèbre : François Ier

© Photo Josse / Paris, musée du Louvre

François Ier par Jean Clouet (1530).

Un roi en costume d'apparat

Représenter le roi est une manière de le faire connaître, mais surtout d'affirmer son prestige et sa puissance. Ce portrait de François Ier a été peint vers 1530 par Jean Clouet.

Le roi porte des vêtements brillants réalisés avec des tissus luxueux. L'ampleur du pourpoint, par rapport à la petitesse du visage, donne une impression de puissance et de majesté. Le pourpoint est richement brodé de fils d'or ; les larges manches de satin et de velours ont des reflets brillants. Le roi porte une lourde chaîne d'or avec un pendentif.

Il ne porte pas de couronne, mais un chapeau de velours noir avec des plumes de cygne ornées de pierres précieuses. Pour montrer qu'on est bien chez le roi, le décor est une tapisserie rouge ornée de motifs avec la couronne royale. Sur ce tableau, le roi a environ 35 ans. Son visage montre une expression aimable : il a l'air doux et humain.

Qui est François Ier ?

Ce roi est l'un des plus célèbres de la Renaissance. Son règne marque le début de la monarchie absolue : une période où le roi gouverne seul, avec un très grand pouvoir. François Ier, comme Louis XIV après lui, réunit autour de lui les Grands du royaume pour mieux les surveiller et mettre fin aux guerres féodales. Il fait vivre cette cour dans un luxe sans précédent. Il appelle les meilleurs artistes italiens près de lui : sculpteurs, peintres, architectes, orfèvres et poètes. Le plus célèbre d'entre eux fut Léonard de Vinci.

En 1515, pendant les guerres d'Italie, François Ier remporte la victoire de Marignan. Comme il s'est battu durement à la tête de la cavalerie, on l'a surnommé « le roi chevalier ».

1 Écris.

Le nom du roi : .... Le nom du peintre : ....

La date à laquelle ce tableau a été terminé : ....

2 Coche ce qui est vrai.

- ☐ Représenter le roi permet d'affirmer son prestige.
- ☐ On voit le roi en entier.
- ☐ François Ier est en costume d'apparat.
- ☐ Il porte la couronne royale.
- ☐ Ses vêtements sont austères.
- ☐ Le roi a l'air autoritaire.

3 Réponds.

Qu'est-ce qui donne une impression de puissance et de majesté ? ....

....

Avec quoi le pourpoint est-il brodé ? ....

Que porte le roi sur la tête ? ....

....

Quel est l'âge du roi (sur ce tableau) ? ....

Quel motif apparaît sur la tapisserie ? ....

....

À quelle époque François Ier a-t-il régné ? ....

4 Écris deux éléments du costume qui montre la richesse du roi.

....

5 Écris V (vrai) ou F (faux).

- ☐ Le règne de François Ier marque le début de la monarchie absolue.
- ☐ François Ier exigeait que les Grands du royaume restent sur leurs terres.
- ☐ L'ensemble des courtisans s'appelle la cour.
- ☐ Léonard de Vinci est un artiste italien.
- ☐ La victoire de Marignan date de 1515.
- ☐ On surnommait François Ier « le chevalier sans peur et sans reproche ».

Prénom .... Date ....

7

Tous terriens !

Six milliards d'hommes...

Notre planète ressemble à un grand bateau qui compte de plus en plus de passagers. Aujourd'hui, 6 milliards d'hommes, de femmes et d'enfants vivent sur notre planète. Il y a de la place pour tout le monde, mais la population est répartie de manière très inégale. Les records : le Bangladesh avec 833 habitants au km^2 et l'Australie avec la plus faible densité, seulement 2 habitants au km^2. La Chine rassemble à elle seule un cinquième de la population mondiale.

Différents

Si tous les hommes appartiennent à une même grande famille, l'espèce humaine, ils ne vivent pas tous de la même façon. Leur manière de vivre sous les différents climats, leur aspect physique, leur langue... tout est différent. Mais la plus grande différence est l'inégalité face au partage des richesses.

Inégaux

Les pays riches, les plus industrialisés, sont situés en Europe, en Amérique du Nord, en Australie et au Japon. Ailleurs, des milliards d'hommes vivent dans des pays pauvres, sous-développés (le tiers monde). Ces pays sont souvent très peuplés, les écoles et les hôpitaux sont très rares, et les hommes souffrent de la faim : certains aliments indispensables, comme le lait ou la viande, sont introuvables. Trois hommes sur quatre vivent dans un pays pauvre et un quart de la planète vit avec moins d'un euro par jour. Même dans des pays riches, comme la France ou les États-Unis qui comptent 40 millions de pauvres, certaines familles ont une vie très difficile.

Solidaires

Les hommes ont compris qu'il est important pour la paix et par souci de justice d'être solidaires, de partager avec ceux qui en ont le plus besoin, de protéger les plus faibles, de coopérer au niveau mondial. Presque tous les pays font partie de l'Organisation des Nations unies (ONU) dont la mission est de maintenir la paix, d'aider les plus pauvres, de défendre les droits de l'homme, de chercher des solutions aux problèmes internationaux, de lutter contre les maladies, de développer l'agriculture...

Tous les humains ont les mêmes droits et les mêmes devoirs. Nous sommes tous citoyens du monde, responsables de la Terre.

1 Entoure les adjectifs employés dans les sous-titres.

semblables différents indifférents inégaux solitaires solidaires

2 Relie les deux parties de la phrase.

Notre planète ressemble •	• de manière inégale.
La population est répartie •	• à un grand bateau.
Tous les hommes appartiennent •	• au partage des richesses.
La plus grande différence est l'inégalité face •	• à une même grande famille.

3 Colorie la bonne réponse.

Le pays qui bat les records de la plus forte densité est : la Chine | le Bangladesh

Le pays où il y a le moins d'habitants au km^2 est : l'Australie | le Japon

Le pays qui rassemble un cinquième de la population mondiale est : la Chine | les États-Unis

4 Réponds.

À quelle grande famille les hommes appartiennent-ils ? ....

....

Quels sont les pays les plus industrialisés ? ....

....

De quoi les habitants du tiers monde souffrent-ils ? ....

....

5 Coche ce qui est vrai.

- ☐ Des milliards d'hommes vivent dans des pays pauvres.
- ☐ Un quart de la planète vit avec moins de 10 euros par jour.
- ☐ Il n'y a aucun pauvre dans les pays riches.
- ☐ Presque tous les pays font partie de l'ONU.
- ☐ L'ONU a pour mission de défendre la paix et les droits de l'homme.
- ☐ Tous les humains n'ont pas les mêmes droits ni les mêmes devoirs.

Prénom .... Date 8

Grandir, un jeu d'enfant !

Ton tee-shirt préféré de l'été dernier ne te va plus, ton pantalon est trop court et tu ne rentres plus dans tes baskets. C'est tout à fait normal : chaque jour, sans t'en rendre compte, tu grandis.

Un grand chantier en construction

À la naissance, tu mesurais environ 50 centimètres ; aujourd'hui tu fais un peu plus de 1 mètre et tu vas continuer à grandir jusqu'à environ vingt ans. Cette croissance est commandée depuis le cerveau : c'est lui qui ordonne la sécrétion de l'hormone de croissance qui, libérée dans le sang, apporte le message « grandis » à toutes les cellules de ton corps. C'est pendant que tu dors que cette hormone travaille. C'est la division des cellules de ton corps qui te fait grandir.

Petit os deviendra grand

Tous les organes de ton corps grandissent : peau, muscles, cœur et os. Tes os sont vivants et actifs : ils s'allongent, ils s'épaississent, ils se solidifient, ils sont aussi capables de se réparer s'ils ont été cassés. Des cellules osseuses fabriquent de l'os nouveau. Ce qui donne à l'os sa solidité, ce qui lui permet de se former et de se renouveler, c'est le calcium.

Le calcium, bâtisseur d'os

Bois du lait ! C'est plein de calcium, cet élément qui te fait grandir. Le corps humain adulte contient 1 à 2 kg de calcium principalement caché dans le squelette.

Tous les produits laitiers (lait, yaourts, fromages...) sont riches en calcium. Manger un produit laitier à chaque repas aide à fabriquer un bon squelette pendant la croissance. Il faut aussi de la vitamine D. Elle est présente dans le beurre, les œufs et certains poissons. La peau fabrique aussi cette vitamine grâce aux rayons ultraviolets du soleil. Quand tu te promènes au soleil, ton corps te dit « merci ! ». Mais protège-toi tout de même car les rayons UV peuvent être dangereux !

1 Écris le titre et les sous-titres du document.

....

....

....

....

2 Coche ce qui est vrai.

- ☐ Tu grandis chaque jour sans t'en rendre compte.
- ☐ Seuls certains organes grandissent.
- ☐ La croissance est commandée depuis le cerveau.
- ☐ C'est la division des cellules de ton corps qui te fait grandir.
- ☐ Un os est vivant.
- ☐ Tous les légumes sont riches en calcium.

3 Complète avec les unités de mesure qui conviennent.

À la naissance, tu mesurais environ 50 ....
Aujourd'hui, tu fais plus de 1 .... Tu vas grandir jusqu'à environ 20 .... Le corps humain contient 1 à 2 .... de calcium.

4 Réponds.

Quelle est l'hormone qui apporte le message « grandis » ? ....

À quel moment cette hormone travaille-t-elle ? ....

Comment les os grandissent-ils ? ....

....

Quel élément est indispensable à l'os ? ....

5 Colorie les produits laitiers.

yaourt | beurre | flan | soda | fromage | salade | lait | crème

Le sais-tu ?

- **Avant un an**, un bébé grandit de 2 cm par mois. La deuxième année, il grandit de 1 cm par mois.
- **Pendant l'enfance**, la croissance est lente et régulière ; à l'adolescence, une nouvelle poussée de croissance prépare ton futur corps d'adulte.
- **Un adulte** a besoin de 900 mg de calcium par jour pour entretenir son capital osseux. Un quart de litre de lait en apporte 300 mg. Cette même quantité se retrouve dans 2 yaourts, 30 g de gruyère, 80 g de camembert.
- **Il y a aussi du calcium** dans les fruits frais, surtout les oranges et les clémentines, les fruits secs comme les noix ou les amandes et les légumes frais (salade, épinards). Certains produits de la mer contiennent aussi du calcium : le record est pour la sardine à l'huile qui fournit 430 mg de calcium (pour 100 g).
- **Le squelette** adulte comporte 206 os, celui d'un bébé en a plus de 300. Certains os se soudent entre eux au cours de la croissance.

6 Relie.

Avant 1 an	•	•	un bébé grandit de 1 cm par mois.
La deuxième année	•	•	un bébé grandit de 2 cm par mois.

7 Complète avec les adjectifs du document.

Pendant l'enfance, la croissance est .... et ....
À l'adolescence, une .... poussée de croissance prépare ton .... corps d'adulte.

8 Écris ce qui peut t'apporter 300 mg de calcium.

....

....

....

9 Que peut manger une personne qui n'aime pas les produits laitiers pour absorber du calcium ?

....

....

....

10 Ordonne les âges de la vie.

☐ enfant

☐ adulte

☐ adolescent

☐ vieillard

☐ bébé

11 Place les noms sur le squelette :

crâne

vertèbre

tibia

bassin

fémur

humérus

phalange

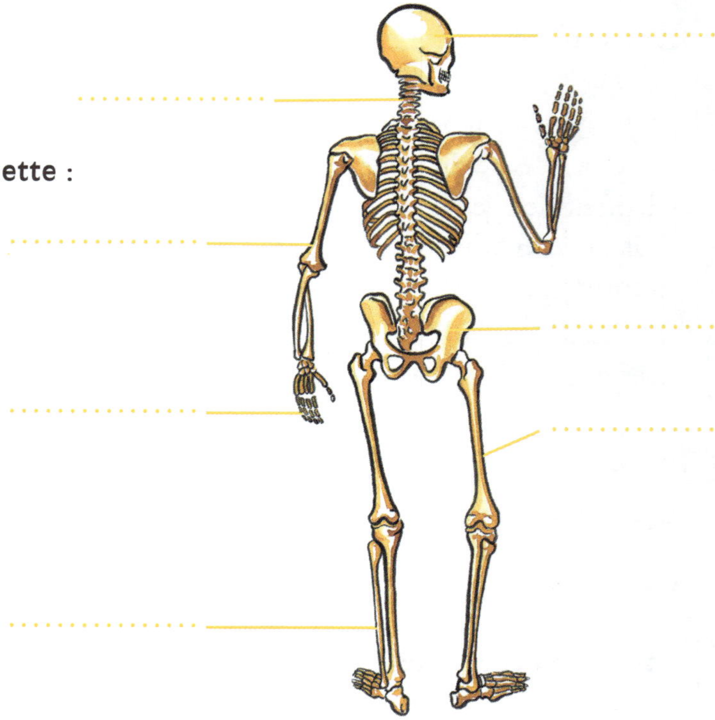

12 Écris le prénom de chacun d'après les mesures données.

Alicia mesure 1, 25 m, Arthur 1, 40 m, Quentin 1, 20 m et Valentine 5 centimètres de moins que Arthur.

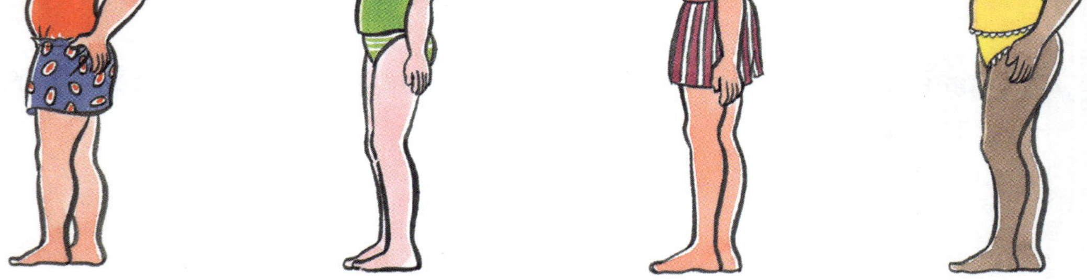

....

Le sais-tu ?

- **Chaque seconde**, l'humanité compte trois personnes de plus.
- Aujourd'hui, près de **130 millions de personnes** vivent dans un autre pays que celui où elles sont nées : elles ont fui la guerre, la famine ou la pauvreté en quête d'une vie meilleure dans un pays plus calme et plus riche.
- **Plus de 100 millions d'enfants** âgés de 6 à 11 ans ne vont pas à l'école.
- **Nous devons préserver notre planète** : l'eau, la terre, l'air doivent être protégés par tous. C'est notre bien commun. Lutter contre la pollution, préserver les richesses naturelles, par exemple les forêts, protéger les espèces en voie de disparition, protéger la couche d'ozone sont des problèmes planétaires.

6 Complète avec les données chiffrées du document.

Chaque seconde, l'humanité compte [ ] personnes de plus.

Aujourd'hui, près de [ ] millions de personnes habitent un autre pays que leur pays de naissance.

Plus de [ ] millions d'enfants ne vont pas à l'école.

7 Réponds.

Pourquoi certaines personnes fuient-elles leur pays ? ....

....

Quels sont les éléments qui doivent être protégés par tout le monde ? ....

....

Quels sont les problèmes planétaires dont on doit s'occuper ? ....

....

....

....

8 Écris le nom dont l'adjectif est issu.

Humain : ....

Frère : ....

Libre : ....

Égaux : ....

9 Numérote selon ce qui te paraît le plus important.

Tous les êtres humains ont droit :

- ☐ à la liberté.
- ☐ au bonheur.
- ☐ à la différence.
- ☐ à l'égalité.
- ☐ à la justice.
- ☐ à la richesse.
- ☐ à la culture.
- ☐ au respect.
- ☐ à la solidarité.
- ☐ à la paix.

10 Recopie de ta plus belle écriture le 1er article de la Déclaration des droits de l'homme.

Les hommes naissent et demeurent libres et égaux en droits.

....

....

11 Invente une affiche pour la protection de la planète.

Le sais-tu ?

- De même qu'il n'y a qu'un seul maître, François Ier décide qu'il n'y aura plus **qu'une seule langue** dans tout le royaume : le français tel qu'il se parle en Île-de-France.
- **Quand le roi voyage** de château en château, toute la cour suit avec bagages, meubles, vaisselle... Le cortège était composé de 18 000 chevaux, 6 000 cavaliers, 12 000 piétons et des centaines de charrettes.
- **Passionné de chasse**, il fait construire ses palais dans des régions riches en gibier. Le château de Chambord fut édifié au cœur d'une vaste forêt.
- **Chambord** est le plus grand des châteaux de la Loire. Il comporte 440 pièces, 70 escaliers, d'immenses salons pouvant accueillir des centaines de personnes.
- François Ier fonde à Paris, en 1530, **le Collège des lecteurs royaux** où selon lui « l'on peut tout enseigner ». Il deviendra plus tard le Collège de France.

6 Entoure ce qui est vrai.

Le français qu'on utilisera sera celui qui se parle :

en Île-de-France. en Languedoc. dans le Centre.

Le collège fondé par le roi s'appelle aujourd'hui :

le Collège de France. l'Académie française.

7 Réponds.

Pourquoi le château de Chambord a-t-il été édifié au cœur d'une vaste forêt ?

....

8 Complète avec les données chiffrées du document.

Le château de Chambord comporte [ ] pièces, [ ] escaliers et des salons pouvant accueillir des [ ] de personnes. La cour qui va de château en château se déplace avec [ ] chevaux, [ ] cavaliers et [ ] piétons. François Ier a fondé le Collège des lecteurs royaux en [ ].

9 Écris les synonymes.

édifier : .... se déplacer : ....

une demeure : .... vaste : ....

10 Retrouve les mots dans la grille et découvre le mot mystère caché dans les quatre cases qui restent.

R	C	P	O	U	V	O	I	R
P	O	R	T	R	A	I	T	U
O	C	Y	G	N	E	O	O	R
E	F	R	A	N	C	O	I	S
T	I	T	A	L	I	E	L	R
E	P	E	I	N	T	R	E	S

OR – TOILE – POETE – PORTRAIT – POUVOIR – PEINTRES – ITALIE – CYGNE – ROYAL – FRANÇOIS

Le mot mystère est : ....

11 Regarde bien cet autre portrait de François Ier : trouve les ressemblances et les différences. Rédige quelques phrases pour décrire ce portrait.

François Ier par Titien (1538).

....

....

....

....

....

....

....

....

....

....

....

....

....

LE SAIS-TU ?

Automne, Sonia Delaunay (1885-1979).

- **Un dé à jouer** est un cube. Les points d'un dé à jouer sont disposés de telle sorte que les nombres de deux faces opposées ont pour somme 7.
- **Un livre** a la forme d'un parallélépipède rectangle.
- **Une boule** est une sphère.
- **Le cube** est un parallélépipède dont les six faces sont identiques et dont les douze arêtes ont la même longueur. Il existe onze patrons différents pour fabriquer un cube.
- **Le cubisme** est un mouvement artistique né au début du XXe siècle. Les artistes cubistes pensaient que tout pouvait être représenté sous des formes géométriques (rectangle, triangle, cube, cylindre, sphère...). Les principaux peintres cubistes sont Cézanne, Picasso, Léger, Braque, Delaunay.

6 Relie.

Un dé est •	• un parallélépipède rectangle.
Un livre est •	• une sphère.
Une boule est •	• un cube.

7 Complète avec les données chiffrées du texte.

Un cube est un parallélépipède dont les [ ] faces sont identiques ; ses [ ] arêtes ont toutes la même longueur. Les points d'un dé sont disposés de telle sorte que la somme des deux faces opposées est égale à [ ]. Il existe [ ] patrons différents pour faire un cube.

8 Réponds.

Qu'est-ce que le cubisme ?

....

....

Quels sont les principaux peintres cubistes ?

....

....

9 **Observe les dessins en perspective des solides et complète le tableau.**

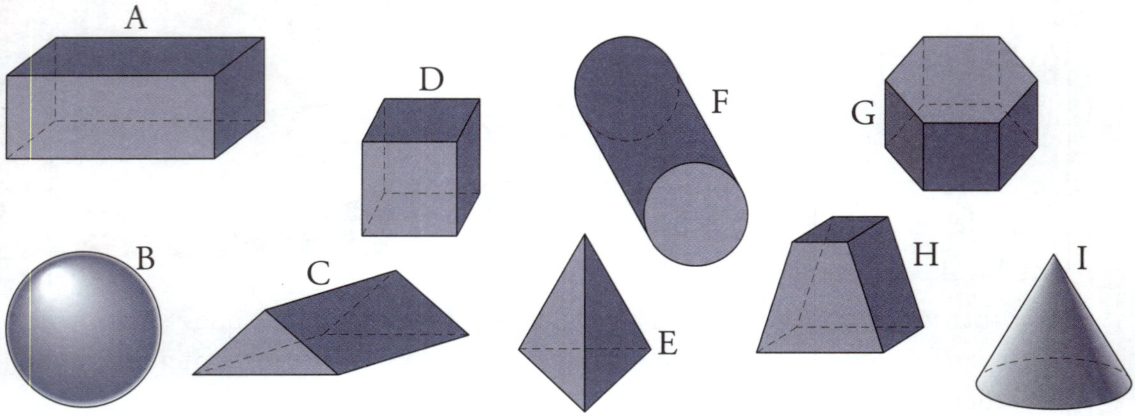

	Nombre de faces visibles	Nombre de faces cachées	Nombre d'arêtes	Nombre de sommets
A				
B				
C				
D				
E				
F				
G				
H				
I				

10 **Utilise le quadrillage pour dessiner un cube B deux fois plus grand que le cube A.**

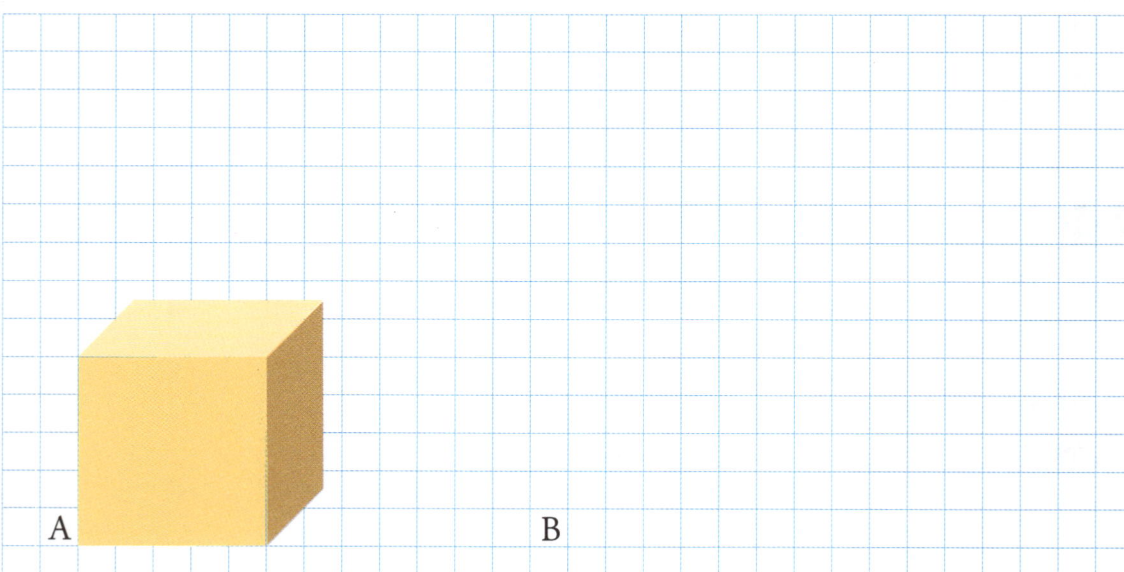

Le sais-tu ?

- **Il y a 5 000 ans**, en Mésopotamie, l'homme découvre comment maîtriser un cheval : avec des rênes et un mors. Ce sont les guerriers mongols qui ont mis au point les équipements du cavalier : la selle et les étriers.
- **Aux États-Unis**, avant la construction du chemin de fer, le Pony Express assurait le service du courrier entre les côtes est et ouest au moyen de 600 chevaux qui se relayaient sans relâche.
- **Il existe plus de 180 races** de chevaux. Ceux des Indiens des westerns sont des pintos. L'une des races les plus anciennes est le pur-sang arabe, robuste et rapide. On l'appelle aussi le « buveur de vent ». Une seule race de chevaux vit encore à l'état sauvage : les petits chevaux d'Asie centrale.

5 Réponds.

Qu'ont découvert les Mésopotamiens ? ....

....

Quels équipements les guerriers mongols ont-ils mis au point ? ....

....

Quelle race de chevaux vit encore à l'état sauvage ?..

....

6 Complète avec les données chiffrées du document.

Il y a ☐ ans, en Mésopotamie, l'homme découvre comment maîtriser le cheval. Le Pony Express nécessitait ☐ chevaux pour aller de la côte est à la côte ouest. Il existe plus de ☐ races de chevaux.

7 Relie.

le pinto	•	•	le pur-sang arabe
le buveur de vent	•	•	le cheval des Indiens

8 Explique.

Quand le Pony Express servait-il à porter le courrier ? ....

....

9 **Entoure en vert les mots qui viennent du latin « equus », en rouge ceux qui viennent du grec « hippos », en bleu ceux qui viennent de l'italien « cavallo ».**

cavalcade — équestre — écuyer — hippique

hippisme — hippopotame — hippocampe — hippodrome

cavalier — équidé — équitation — cavalerie — cavale

10 **Complète ces expressions. Elles ont toutes un rapport avec les chevaux.**

.... d'impatience. Un remède de ....

.... dans les brancards. Un .... de bataille.

Avoir mangé du .... Mettre le pied à l'.................... .

Prendre le .... aux dents. Avoir une fièvre de ....

Qui veut aller loin ménage sa ....

(Tu n'as pas trouvé ? Cherche dans un dictionnaire ou aide-toi de cette liste :
cheval, mors, piaffer, étrier, ruer, monture.)

11 **Écris ces légendes au bon endroit :**

le tapis de selle
l'étrier
la sangle
la selle
les rênes
le pommeau
le mors
le harnais
les protections

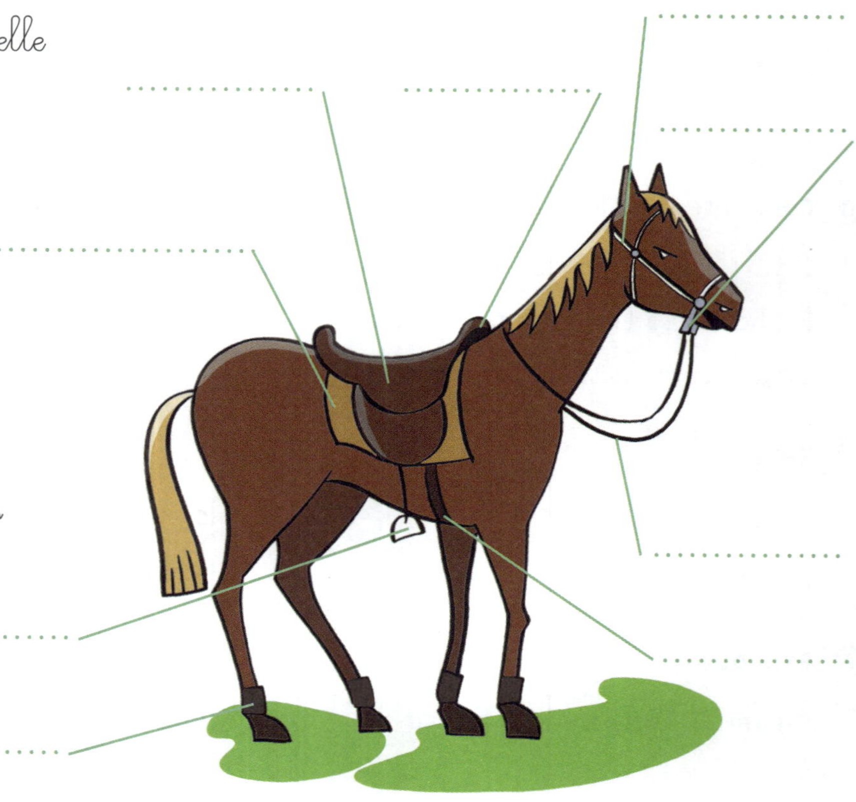

Le sais-tu ?

• **Raymond Devos** écrit et joue sur scène des monologues drôles, souvent absurdes, plein d'imagination. Il joue avec les mots (leurs sens et leurs sons) et les expressions que nous employons tous les jours. Le langage est le personnage principal de ses spectacles.

• **Le Pont-Neuf** est le plus ancien pont de Paris.

• On dit qu'un mot est utilisé **au sens propre** quand il est utilisé dans son sens le plus courant, le plus simple et le plus réaliste.
Par exemple : je nage sur le dos, j'ai mal au dos.

• **Le sens figuré** est l'emploi d'un mot dans un sens imagé ou abstrait. Par exemple : le chat fait le gros dos, le dos d'un livre, en avoir plein le dos, avoir bon dos, être sur le dos de quelqu'un, avoir le dos au mur...

6 Entoure ce qui est vrai.

Raymond Devos écrit surtout *des monologues* ou *des chansons* ?

Le personnage principal de ses sketches est *un mendiant* ou *le langage* ?

7 Écris si le mot est employé au sens propre ou au sens figuré.

Avoir des **cheveux** très longs : ....

Avoir un **cheveu** sur la langue : ....

Prendre ses **jambes** à son cou : ....

Se casser une **jambe** : ....

Avoir les **mains** sales : ....

Se frotter les **mains** : ....

8 Place les mots à la bonne place pour reconstituer les expressions imagées.

clé – nuage – feu – perle – source – ouragan

J'ai la .... de l'énigme.

Cette fille est une vraie ....

Ma distraction est .... de bien des ennuis.

Elle prend son thé avec un .... de lait.

Il joue avec le ....

Ce garçon turbulent est un véritable ....

9 Beaucoup de mots employés au sens figuré ont un rapport avec le corps humain. Retrouve ceux qui conviennent pour chaque expression.

Avoir les .... plus grands que le ventre.

Avoir le .... sur la main.

Donner sa .... au chat.

Mettre la .... à la pâte.

Donner sa .... à couper.

Avoir le .... long.

Être sur les ....

Avoir une .... contre quelqu'un.

10 Entoure l'expression illustrée par le dessin.

Ludovic n'a pas faim.

Ludovic n'est pas dans son assiette.

11 Illustre ces expressions imagées en représentant le sens propre pour donner un effet d'humour.

Avoir la tête dans les nuages.

Prendre la porte.

Être au bout du rouleau.

Tomber dans les pommes.

Le sais-tu ?

© DRAC Rhône-Alpes, Ministère de la Culture.

- **La grotte la plus ancienne** est la grotte de Chauvet dans l'Ardèche. Découverte en 1994, elle date de plus de 30 000 ans. Ses peintures représentent des mammouths, des lions, des rhinocéros, des panthères... Elle n'est malheureusement pas ouverte au public.
- **La grotte Cosquer** est un site unique au monde. Située près de Cassis, elle est ornée de pingouins, de phoques... Plus de 100 espèces d'animaux sont représentées. On accède à cette grotte sous-marine par un tunnel d'environ 200 mètres dont l'entrée se trouve à 37 mètres sous l'eau.
- **Les dernières grottes**, découvertes en 1999, sont situées dans deux villages du Lot. Les archéologues y ont trouvé des gravures préhistoriques. La grotte de Lagrave représente un très grand troupeau de chevaux (cette gravure fait deux mètres de long !) ; dans celle de Pestillac, on voit des silhouettes de femmes.

5 **Écris la liste des animaux cités dans la rubrique « Le sais-tu ? ».**

....

....

6 **Écris V (vrai) ou F (faux).**

- ☐ La grotte de Chauvet date de plus de 30 000 ans.
- ☐ Elle est ouverte au public depuis 1994.
- ☐ La grotte Cosquer est ornée de pingouins et de phoques.
- ☐ On y accède en escaladant une falaise haute de 200 mètres.
- ☐ Les dernières grottes découvertes se situent dans le Périgord.
- ☐ Elles sont ornées de gravures préhistoriques.

7 **Relie.**

	• est la plus ancienne.
La grotte de Chauvet •	• est près de Cassis.
La grotte Cosquer •	• se trouve dans l'Ardèche.
La grotte de Lagrave •	• est située dans le Lot.
La grotte de Pestillac •	• a un accès sous-marin.
	• est ornée de gravures.

8 **Écris le nom des animaux :** *un renne, un cheval, un auroch, un lion.*

© J. Vertut.

© J. Vertut.

....

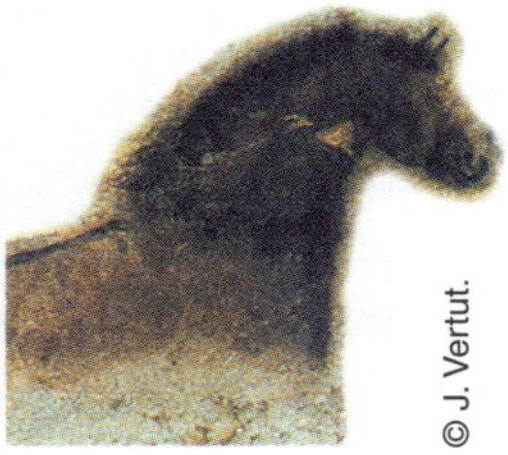
© J. Vertut.

© DRAC Rhône-Alpes.

....

9 **Retrouve les mots dans la grille.**

O	S	A	G	A	I	E	R
S	C	I	O	R	A	P	O
H	A	R	P	O	N	S	C
A	N	C	E	T	R	E	H
X	U	A	C	S	A	L	E

OS – LASCAUX – ANCETRE – HARPONS – PAROI – SAGAIE – ROCHE – OCRE

10 **Complète le dessin en y ajoutant des silhouettes d'animaux et colorie-le.**

LE SAIS-TU ?

- **Les principaux déserts** se trouvent en Afrique (Sahara), en Australie, en Asie centrale et le long des côtes ouest du continent américain (Californie, Nouveau-Mexique, Andes).
- **Chaque année**, on note 6 millions d'hectares de désert en plus. La désertification est due à l'homme qui enlève des plantes (arbres, herbes des pâturages) et rend ainsi la terre plus aride. Le réchauffement de la planète entraîne aussi l'assèchement progressif de certaines régions.
- **Ne confonds pas** chameau et dromadaire : le chameau a deux bosses et se trouve en Asie. Le dromadaire n'a qu'une bosse et se trouve dans le Sahara, en Arabie et en Australie.
- **Le Petit Prince**, roman d'Antoine de Saint-Exupéry, a pour cadre le désert saharien.
- **La Vallée de la Mort** en Californie est un des déserts les plus chauds du monde. C'est un ancien lac salé.

7 Réponds.

Où se trouvent les principaux déserts ? ....

....

8 Entoure les causes principales de la désertification.

le réchauffement de la planète — les vents trop violents — la disparition des plantes — l'absence de relief

9 Écris *le chameau* **ou** *le dromadaire*.

Il vit en Asie : .... Il a une bosse : ....

Il vit au Sahara : .... Il a deux bosses : ....

Il vit en Australie : ....

10 Écris le titre d'un roman célèbre qui a pour cadre le Sahara.

....

11 Complète la définition avec les adjectifs.

La Vallée de la Mort en Californie est un des déserts les plus .... du monde. C'est un .... lac ....

12 **Retrouve le mot caché dans les cases colorées.**

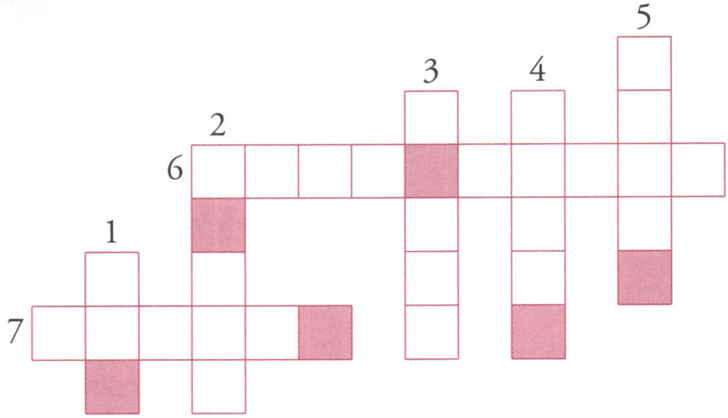

1. Contraire de humide.
2. Collines de sable.
3. Petits grains qui constituent la dune.
4. Paradis de verdure dans le désert.
5. Un des pays du Sahara (qui s'ouvre sur l'Atlantique).
6. Ce n'est pas un chameau.
7. Région très sèche dépourvue de végétation.

Le mot mystère est une plante grasse pleine d'épines C _ _ _ _ _ .

13 **Écris le nom des animaux :** *une gerboise, une gazelle, un dromadaire.*

....

14 **Complète avec les voyelles qui conviennent.**

S _ H _ R _ D _ S _ R T _ D D _ X _ _ S _ S

Prénom .... Date 9

UN PEINTRE, UN STYLE

Observe bien ce tableau réalisé par un peintre d'aujourd'hui qui s'appelle Robert Combas. Regarde comment il a choisi de représenter les personnages et comment il a fait pour que tout l'espace de la toile soit couvert et animé.

Robert Combas, *Les Musiciens*, 1989.

Combas a inventé une manière de peindre qui s'appelle la « figuration libre ». C'est une peinture pleine d'énergie, amusante et gaie. Ses toiles sont très colorées et comportent beaucoup de personnages. Combas aime faire ressortir le contour des formes. Un trait, souvent noir, entoure la couleur.

On parle de figuration ou de style figuratif quand on reconnaît le sujet traité (personnages, paysages...), même s'il n'est pas représenté comme dans la réalité. Dans la peinture abstraite, les sujets du tableau sont des traits, des lignes, des espaces, des couleurs, des rythmes...

1 Écris.

Le prénom et le nom du peintre : ....

Le titre de la toile : ....

2 Coche ce qui est vrai.

- ☐ Il y a beaucoup d'espace vide.
- ☐ Combas a inventé une nouvelle manière de peindre.
- ☐ On ne voit que quatre personnes sur la toile.
- ☐ Les couleurs utilisées sont vives.
- ☐ Un trait blanc entoure chaque forme.
- ☐ Dans la peinture abstraite, le sujet du tableau c'est un ou plusieurs personnages.

3 Réponds.

Comment la manière de peindre de Combas s'appelle-t-elle ? ....

....

Pourquoi parle-t-on de style figuratif ? ....

....

....

Comment se présentent les toiles de Combas ? ....

....

....

4 Colorie les étiquettes qui portent le nom des instruments représentés.

un saxophone	une guitare	une caisse claire
un violon	un accordéon	une contrebasse

5 Entoure les mots qui correspondent à la peinture de Robert Combas.

tristesse vie immobilité

musique vide gaieté humour

nostalgie réalité animation couleur

Poésie en pluie

Il pleut

Averse averse averse averse averse averse
pluie ô pluie ô pluie ô ! ô pluie ô pluie ô pluie !
gouttes d'eau gouttes d'eau gouttes d'eau gouttes d'eau
parapluie ô parapluie ô paraverse ô !
paragouttes d'eau paragouttes d'eau de pluie
capuchons pèlerines et imperméables
que la pluie est humide et que l'eau mouille et mouille !
mouille l'eau mouille l'eau mouille l'eau mouille l'eau
et que c'est agréable agréable agréable
d'avoir les pieds mouillés et les cheveux humides
tout humides d'averse et de pluie et de gouttes
d'eau de pluie et d'averse et sans un paragoutte
pour protéger les pieds et les cheveux mouillés
qui ne vont plus friser qui ne vont plus friser
à cause de l'averse à cause de la pluie
à cause de l'averse et des gouttes de pluie
des gouttes d'eau de pluie et des gouttes d'averse
cheveux désarçonnés cheveux sans parapluie

Raymond Queneau, *Les Ziaux*, Gallimard, 2000.

1 Écris.

Le nom de l'auteur du poème : ....

Le titre du poème : ....

Le titre du recueil où l'on peut trouver ce texte : ....

2 Colorie les mots que tu lis dans le poème.

averse	fleuve	mouille	grenouille	eau
parapluie	mains	pèlerines	pluie	humides

3 Coche ce qui est vrai.

- ☐ Le poème comporte des rimes.
- ☐ Chaque vers commence par une majuscule.
- ☐ Il y a trois strophes (3 parties).
- ☐ Le texte comporte des répétitions.
- ☐ Tous les vers ont la même longueur.
- ☐ L'auteur déteste la pluie.

4 Colorie les étiquettes qui indiquent ce que le texte comporte selon toi.

TENDRESSE	RYTHME	DOULEUR	HUMOUR
COLÈRE	BIEN-ÊTRE	AMOUR	MUSIQUE

5 Explique.

À quoi sert un parapluie ? ....

....

De quoi un paraverse protège-t-il ? ....

Qu'est-ce qu'un paragoutte ? ....

....

6 Écris le mot rimant avec le mot proposé.

imperméable : .... friser : ....

ô : .... paragoutte : ....

Prénom .... Date ....

Quelle heure est-il ?

L'heure a une histoire

Les hommes ont toujours eu besoin de se repérer dans le temps, mais pas à la minute près ! Les premiers calendriers furent inventés par les Mésopotamiens qui se repérèrent sur les mouvements de la Lune : un mois lunaire durait 29 ou 30 jours. Dès 4 000 ans avant J.-C., les Égyptiens avaient compris que les saisons étaient dues au mouvement de la Terre autour du Soleil : ils divisèrent l'année en 12 mois de 30 jours et ajoutèrent 5 jours pour faire un total de 365.

Tant que les hommes ont vécu de l'agriculture et de l'élevage, la journée fut la seule unité de temps. Puis les hommes, observant le déplacement des ombres au cours de la journée, ont inventé le cadran solaire.

Du cadran solaire à la montre à quartz

L'inconvénient avec un cadran solaire, c'est qu'il faut... du soleil. Par temps nuageux ou la nuit, ça ne fonctionne pas. Les hommes se sont alors servis d'une clepsydre pour repérer l'écoulement du temps. L'eau de ce récipient tombe goutte à goutte d'une manière régulière. Les clepsydres serviront jusqu'au XVIIIe siècle car elles sont plus précises que les premières horloges mécaniques qui peuvent avancer ou reculer d'une heure par jour !

Le sablier permet aussi de mesurer des durées. Les navigateurs s'en servaient dans leurs voyages. Ils avaient besoin de mesurer le temps pour avoir une idée de la distance parcourue.

Les premières horloges datent du XIIIe siècle. Il faudra 5 siècles pour qu'elles soient rendues vraiment fiables par le mouvement régulier d'un balancier.

Les montres fonctionnent grâce à l'énergie fournie par une pile qui fait vibrer un cristal de quartz. Chaque vibration provoque un petit courant électrique.

L'heure légale

L'heure légale est celle qui correspond au fuseau horaire principal qui traverse un pays. Elle permet à tous les habitants d'un pays d'avoir la même heure. Si l'on se référait uniquement au soleil, il y aurait 50 minutes d'écart entre Strasbourg et Brest. En France, l'heure légale avance d'une heure sur l'heure solaire en hiver et de deux heures en été.

1 Entoure la bonne réponse.

Les premiers calendriers furent inventés par → les Égyptiens. / → les Mésopotamiens.

Les premiers calendriers étaient basés sur les mouvements → du Soleil. / → de la Lune.

Les Égyptiens divisèrent l'année en → mois de 29 ou 30 jours. / → 12 mois de 30 jours.

2 Réponds.

Pendant quelle période la journée fut-elle la seule unité de mesure ? ....

....

Quel nom porte l'instrument qui utilise l'ombre du soleil ? ....

....

Quel est l'inconvénient d'un cadran solaire ? ....

....

3 Coche ce qui est vrai.

- ☐ La clepsydre permet de repérer l'écoulement du temps.
- ☐ Le sablier permet de savoir quelle heure il est.
- ☐ Les premières horloges mécaniques n'étaient pas précises.
- ☐ Les premières horloges datent du xe siècle.

4 Complète avec les adjectifs du document.

un mois	un cadran ....
les premières horloges	le mouvement ....
un petit courant	l'heure ....

5 Écris le nom des instruments du document qui servent à mesurer le temps.

....

....

....

Prénom .... Date ....

Le pont Mirabeau

Poème : Guillaume Apollinaire, extrait de « Le pont Mirabeau » in *Alcools*.
Musique : Bruno Clavier et Paul Maucourt
« Poètes en chansons n° 2 » La classe, Revigny, 55 800.

1 Écris.

Le titre de la chanson : ....

Le nom de l'auteur du poème : ....

Le nom des personnes qui l'ont mis en musique : ....

....

2 Coche ce qui est vrai.

- ☐ Une portée musicale comporte 5 lignes.
- ☐ Toutes les notes sont noires.
- ☐ Le refrain et le couplet commencent par la même note.
- ☐ La partition présente d'abord le refrain.
- ☐ Le poème comporte des rimes.
- ☐ Cette chanson est mélancolique.

3 Recopie les paroles du refrain.

....

....

....

4 Réponds.

De quel fleuve parle-t-on ? ....

Quel nom le pont porte-t-il ? ....

Qu'est-ce qui vient après la peine ? ....

5 Encadre le verbe et souligne le sujet.

Vienne la nuit sonne l'heure
Les jours s'en vont je demeure
Sous le pont Mirabeau coule la Seine
Passent les jours et passent les semaines
Ni temps passé
Ni les amours reviennent

MERS ET OCÉANS

QUE D'EAU !

La Terre est appelée la planète bleue à cause de l'eau qui recouvre les deux tiers du globe. Le plus grand océan est l'océan Pacifique qui occupe la moitié de cette surface.

LE PREMIER OCÉAN

Autrefois, il n'y avait qu'un seul continent (toutes les terres étaient soudées entre elles) et donc qu'un seul océan. Ce premier océan, le plus ancien, est l'océan Pacifique situé aujourd'hui entre l'Amérique, l'Asie et l'Australie. L'Atlantique est « apparu » plus tard, quand les continents se sont séparés.

MER OU OCÉAN ?

Mer et océan sont constitués d'eau salée. Les océans sont de vastes étendues d'eau qui séparent des continents. Les mers sont plus petites, moins profondes. Elles sont entourées de terres. Elles sont aussi ouvertes sur les océans : la mer Méditerranée, la Manche, la mer du Nord, la mer Rouge... Parfois une mer peut être totalement enfermée dans les terres comme la mer Caspienne.

Les cinq océans communiquent entre eux : l'océan Pacifique, l'océan Atlantique, l'océan Indien, l'océan Arctique et l'océan Antarctique.

L'eau des océans est toujours en mouvement : elle subit l'action des vents et le phénomène des marées. L'eau circule sous la forme de courants chauds ou froids.

LE FOND DES MERS EST-IL PLAT ?

Océans et mers sont profonds : 3 800 mètres en moyenne ; mais le fond de la mer n'est pas plat. Le relief sous-marin varie : il est composé de montagnes, de volcans et de grandes fosses de 5 à 10 kilomètres de profondeur appelées abysses.

1 Écris le titre et les sous-titres du document.

....

....

....

....

....

2 Coche ce qui est vrai.

- ☐ L'eau recouvre la moitié du globe.
- ☐ L'océan Atlantique est l'océan le plus grand.
- ☐ Autrefois, il n'y avait qu'un seul océan.
- ☐ Les cinq océans ne communiquent pas entre eux.
- ☐ Le fond des mers est plat.
- ☐ L'eau des océans est toujours en mouvement.

3 Écris le nom des cinq océans.

....

....

4 Relie.

Les océans	•	•	sont enfermées dans les terres.
Les mers	•	•	séparent les continents.

5 Réponds.

Quand l'océan Atlantique est-il apparu ? ....

....

De quoi le relief sous-marin est-il composé ? ....

....

Pourquoi l'eau des océans est-elle toujours en mouvement ? ....

....

Prénom .... Date **14**

Histoire télégramme

DRAGON ENLEVE PRINCESSE — ROI DEMANDE CHEVALIERS SAUVER PRINCESSE — TROIS CHEVALIERS ATTAQUENT DRAGON — PREMIER CHEVALIER CARBONISE — DEUXIEME ECRABOUILLE — TROISIEME AVALE TOUT CRU — ROI DESESPERE — FACTEUR IDEE — ENVOIE LETTRE PIEGEE AU DRAGON — DRAGON EXPLOSE — PRINCESSE EPOUSE FACTEUR — HEUREUX — FAMILLE NOMBREUSE — REDUCTION SNCF — FIN

Bernard Friot, *Nouvelles Histoires pressées*, Collection Milan Poche Junior, © Éditions Milan, 2000.

1 Écris.

Le nom de l'auteur de cette histoire : ....

Le titre du livre : ....

Le nom de la collection : ....

Le nom de l'éditeur : ....

2 Entoure ce qui est vrai.

L'auteur a écrit une histoire qui ressemble à :

une poésie — un conte — un document

Il a écrit son histoire sous la forme :

d'une recette de cuisine — d'un télégramme — d'une petite annonce

Cela produit un effet :

comique — fantastique — tragique

3 Explique.

Que signifie le titre « Nouvelles Histoires pressées » ? ....

....

Quels sont les éléments qui font penser à un conte ? ....

....

Que veut dire l'expression « réduction SNCF » ? ....

....

4 Écris sous une forme narrative normale les trois premières « phrases » de l'histoire.

....

....

....

5 Coche ce qui est vrai.

- ☐ Le premier chevalier a été carbonisé.
- ☐ Le deuxième s'est enfui.
- ☐ Le troisième a été avalé tout cru.
- ☐ Le dragon a reçu une lettre piégée.
- ☐ Le dragon a été tué par le facteur.
- ☐ Le conte se termine par un mariage.

Prénom .... Date ....

Le premier tour du monde

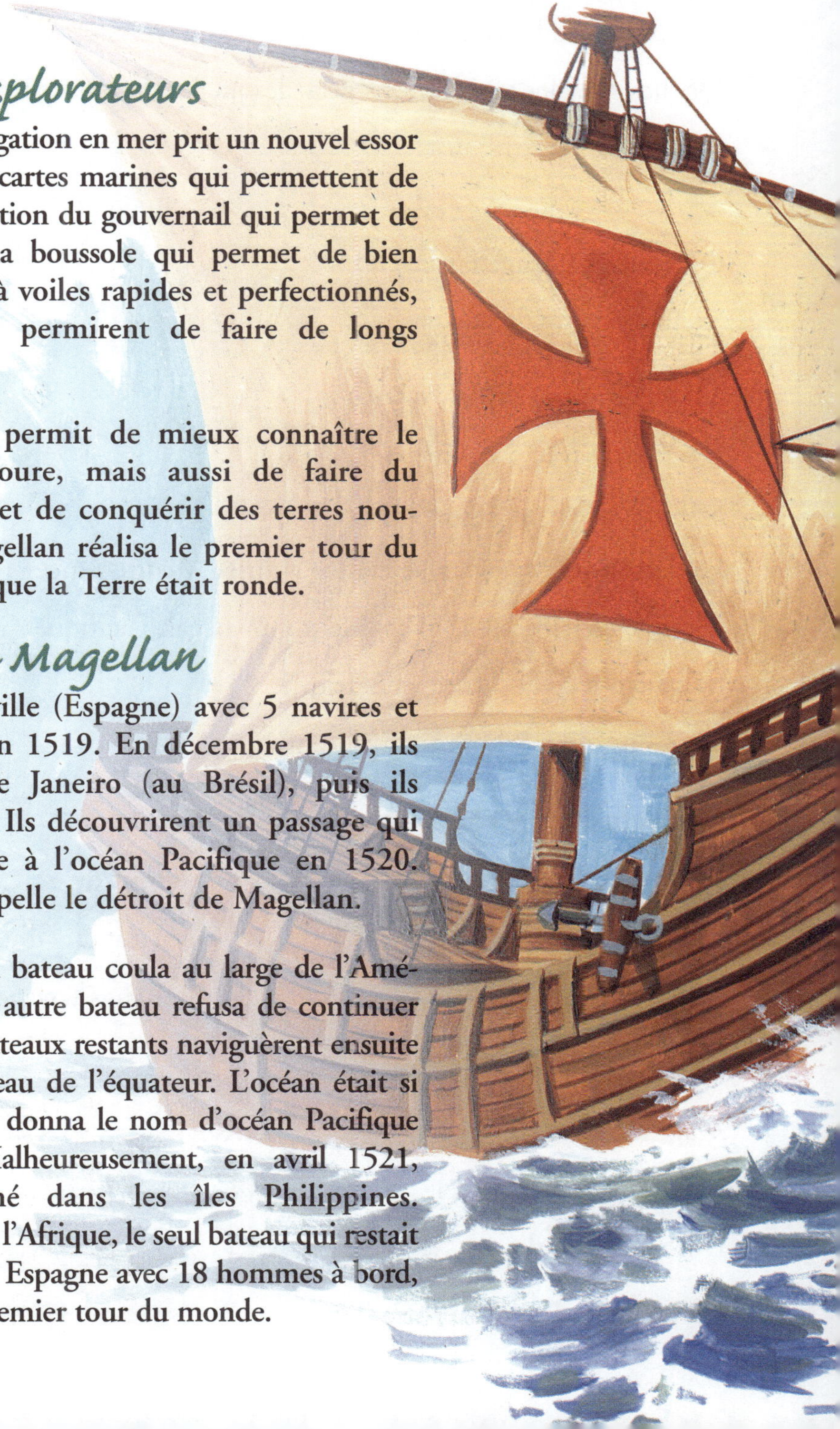

Le temps des explorateurs

À la Renaissance, la navigation en mer prit un nouvel essor grâce à l'apparition des cartes marines qui permettent de bien se repérer, à l'invention du gouvernail qui permet de bien se diriger et de la boussole qui permet de bien s'orienter. Des bateaux à voiles rapides et perfectionnés, appelés des caravelles, permirent de faire de longs voyages en haute mer.

Voyager sur les mers permit de mieux connaître le monde qui nous entoure, mais aussi de faire du commerce (or, épices) et de conquérir des terres nouvelles. Fernand de Magellan réalisa le premier tour du monde prouvant ainsi que la Terre était ronde.

L'expédition de Magellan

Magellan partit de Séville (Espagne) avec 5 navires et 265 hommes à bord en 1519. En décembre 1519, ils firent escale à Rio de Janeiro (au Brésil), puis ils repartirent vers le sud. Ils découvrirent un passage qui relie l'océan Atlantique à l'océan Pacifique en 1520. Depuis, ce passage s'appelle le détroit de Magellan.

Au cours du voyage, un bateau coula au large de l'Amérique, le capitaine d'un autre bateau refusa de continuer l'expédition. Les trois bateaux restants naviguèrent ensuite plein nord, puis au niveau de l'équateur. L'océan était si calme que Magellan lui donna le nom d'océan Pacifique (océan de la paix). Malheureusement, en avril 1521, Magellan fut assassiné dans les îles Philippines. Contournant l'Inde puis l'Afrique, le seul bateau qui restait de l'expédition rentra en Espagne avec 18 hommes à bord, après avoir effectué le premier tour du monde.

1 Coche le nom des inventions nouvelles.

- ☐ les voiles
- ☐ la boussole
- ☐ le gouvernail
- ☐ la rame

2 Réponds.

Comment les bateaux utilisés à la Renaissance s'appellent-ils ? ....

Quelles sont les trois raisons pour lesquelles on entreprend ces longs voyages ?

....

....

Qu'a prouvé Magellan ? ....

3 Écris V (vrai) ou F (faux).

- Magellan est parti du Portugal. ☐
- Il est parti avec 5 navires. ☐
- Seuls trois bateaux sont rentrés au port. ☐
- Le détroit de Magellan se trouve en mer Méditerranée. ☐
- C'est Magellan qui a inventé le nom « océan Pacifique ». ☐
- Magellan a été assassiné en Afrique. ☐
- Il n'y eut que 18 hommes qui rentrèrent en Espagne. ☐

4 Complète avec le complément du nom du texte.

les bateaux à ....

le tour du ....

le détroit de ....

le capitaine d'un ....

le temps des ....

de longs voyages en ....

5 Conjugue au passé simple.

Magellan **part** de Séville : ....

Il **fait** escale au Brésil : ....

Un bateau **coule** : ....

Le capitaine **refuse** de continuer : ....

Prénom .... Date ....

LA CONQUÊTE SPATIALE

PETIT HISTORIQUE

Au siècle dernier, Russes et Américains se sont lancés dans une véritable compétition pour la conquête de l'espace. Il s'agissait, d'abord, d'envoyer des engins dans l'espace puis d'aller sur la Lune.

En 1957, les Russes ont lancé autour de la Terre le premier satellite *Spoutnik 1*.

En 1961, Youri Gagarine est le premier homme à quitter la Terre dans un vaisseau spatial. Le vol dura 108 minutes.

En 1965, un autre astronaute russe, Alekseï Leonov, devint le premier piéton de l'espace en sortant de sa cabine.

En 1969, les Américains réussissent un exploit inédit : Neil Armstrong et Edwin Aldrin sont les premiers hommes à marcher sur la Lune. Armstrong dira à cette occasion que c'est « un petit pas pour l'homme, mais un pas de géant pour l'humanité ! ».

En 1979, la fusée française *Ariane* lance le premier satellite européen.

Aujourd'hui, Russes et Américains ne sont plus en concurrence, il arrive même qu'ils s'entraident : **en 1995**, la navette américaine *Atlantis* s'est arrimée à la station orbitale russe appelée *Mir* qui tournait autour de la Terre à 400 km d'altitude.

Après l'exploration de la Lune, les programmes spatiaux s'intéressent désormais aux planètes plus lointaines : Mars, Jupiter, Saturne et même à l'espace extérieur au système solaire.

DE NOMBREUX SATELLITES

Plus d'un millier de satellites tournent en permanence autour de la Terre. On appelle satellite géostationnaire un satellite qui tourne autour de la Terre à la même vitesse qu'elle, à 36 000 km au-dessus de l'équateur. Ainsi, il semble être immobile par rapport à la Terre. Un satellite est lancé par une fusée (*Ariane*) ou une navette (*Columbia*) qui va placer l'engin sur son orbite.

Les satellites permettent :

– **de communiquer**. C'est grâce à eux que l'on peut téléphoner à l'autre bout du monde, suivre en direct les Jeux olympiques qui se déroulent en Australie... ;

– **d'observer la Terre**. Surveiller l'avancée du désert, le réveil d'un volcan, préparer le tracé d'une route, prévoir le temps qu'il va faire (météorologie). Le plus connu est *Spot*.

– **de surveiller**. Le satellite militaire français *Hélios* surveille les zones sensibles de la planète (conflits). Les satellites à usage militaire sont appelés satellites espions ;

– **de localiser**. Connaître à tout moment la position d'un bateau, d'un avion...

1 Écris le titre et les sous-titres du document.

....

....

....

2 Relie les dates et les événements.

1957 •	• Les Russes lancent le premier satellite.
1961 •	• Gagarine quitte la Terre à bord d'un vaisseau spatial.
1965 •	• Armstrong et Aldrin marchent sur la Lune.
1969 •	• Leonov est le premier piéton de l'espace.
1979 •	• La fusée *Ariane* lance le premier satellite européen.

3 Réponds.

Qui était en compétition pour la conquête de l'espace ? ....

....

Quel nom portait le premier satellite russe ? ....

Combien de temps le vol de Gagarine a-t-il duré ? ....

Qu'a fait la navette *Atlantis* en 1995 ? ....

....

À quoi les programmes spatiaux s'intéressent-ils aujourd'hui ? ....

....

4 Écris V (vrai) ou F (faux).

Une centaine de satellites tournent autour de la Terre. ☐

Un satellite géostationnaire tourne à la même vitesse que la Terre. ☐

Un satellite géostationnaire est placé sur une orbite polaire. ☐

Un satellite peut être lancé par une navette ou par une fusée. ☐

Les satellites à usage militaire sont appelés satellites espions. ☐

LE SAIS-TU ?

- **Dans les sondes spatiales** envoyées pour étudier les planètes du système solaire, les hommes ont glissé un message (une plaquette) pour que d'éventuels extra-terrestres comprennent d'où elles viennent et qui nous sommes.
- **Dans les sondes *Voyager*** qui sortiront du système solaire, on a placé un disque (et un lecteur) avec des chants, de la musique, des voix d'hommes, des cris d'animaux, des bruits de la mer et du vent.
- **Un satellite naturel** est un astre qui tourne autour d'un autre : la Lune autour de la Terre, Titan autour de Saturne.
- **Une sonde** est un engin dont la vitesse de lancement lui permet de s'éloigner de la Terre en direction des autres planètes.
- **L'apesanteur** (absence apparente de poids) fait que les hommes et les objets flottent dans l'espace.
- **Dans l'espace**, il n'y a que le vide. Il n'y a pas d'air et la pression est nulle. Il y fait très froid mais les parties d'objets éclairées par le Soleil sont très chaudes.

5 Écris la définition d'un satellite naturel.

Un satellite est ....

6 Écris le nom de trois satellites artificiels.

....

7 Explique.

Pourquoi a-t-on glissé un message dans les sondes spatiales ? ....

....

Qu'est-ce qu'une sonde spatiale ? ....

....

Que se passe-t-il en apesanteur ? ....

....

8 Coche ce qui est vrai.

- ☐ Le satellite de Saturne s'appelle Orion.
- ☐ Une sonde est un engin qui part en direction des autres planètes.
- ☐ Dans l'espace il n'y a pas d'air.
- ☐ On a placé un disque avec des chants et de la musique dans les sondes *Voyager*.

9 Écris sous les dessins : *un satellite de communication, la capsule Apollo, la fusée Ariane, la navette Columbia.*

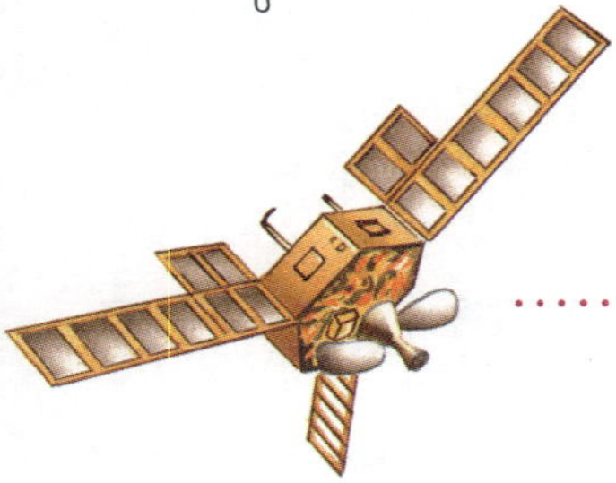

....

....

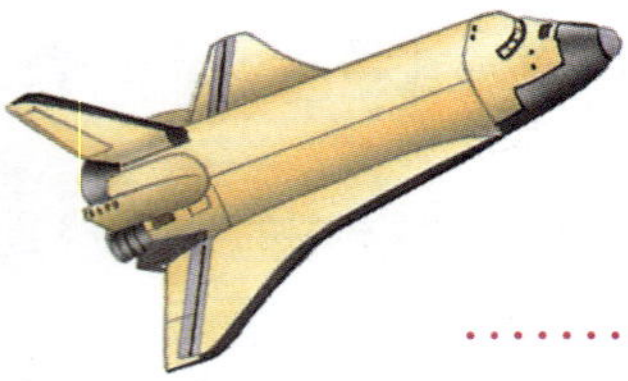

....

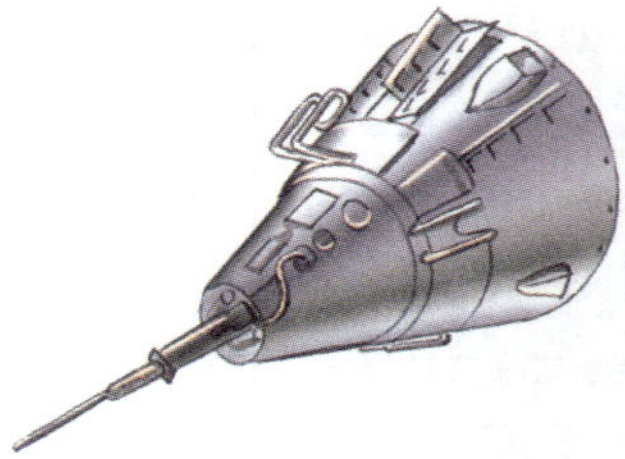

....

10 Retrouve le lanceur mystère caché dans les cases colorées.

1. Premier homme à quitter la Terre dans un vaisseau spatial.

2 et 3. Premiers hommes à marcher sur la Lune.

4. Premier piéton de l'espace.

Le lanceur mystère est

☐ ☐ ☐ ☐ ☐ ☐ .

11 Complète avec : *spatial, spatiale, spatiaux.*

un engin ....

une combinaison ....

un vaisseau ....

la conquête ....

des engins ....

une navette ....

12 Écris les paroles d'Armstrong lors de son exploit.

....

....

Le sais-tu ?

- **La Renaissance** est appelée le temps des grandes découvertes.
- **Au XIVe siècle**, le gouvernail a remplacé la rame utilisée pour diriger les bateaux. Il a permis de construire de gros bateaux et de naviguer en haute mer avec plus de sécurité.
- **L'aiguille mobile** aimantée d'une boussole indique le nord. On attribue l'invention de la boussole aux Chinois.
- **Les caravelles** sont des navires à voiles utilisées par les navigateurs espagnols et portugais pour de grandes expéditions maritimes. Longs de 20 à 25 mètres, ils avaient trois ou quatre mâts. Ils étaient légers et rapides. On y embarquait 60 à 80 hommes d'équipage.
- **Christophe Colomb** naviguait à bord d'une caravelle appelée la *Santa Maria*. Il découvrit l'Amérique en 1492. Mais il ne sut jamais qu'il avait découvert de nouvelles terres ; se croyant aux Indes, il appela « Indiens » les premiers « Américains » qu'il rencontra.

6 Entoure ce qui est vrai.

La Renaissance est appelée le temps → des grandes inventions. / → des grandes découvertes.

Le gouvernail a remplacé → la dérive. / → la rame.

La caravelle de Christophe Colomb s'appelait → la *Santa Maria* / → la *Niña*

7 Colorie la bonne réponse.

L'aiguille [fixe / mobile] aimantée de la boussole indique le [nord. / sud.]

On attribue l'invention de la boussole aux [Indiens. / Chinois.]

8 Explique.

Pourquoi Christophe Colomb appelle-t-il « Indiens » les premiers Américains qu'il rencontre ? ....

....

9 Retrouve le bateau mystérieux caché dans les cases colorées.

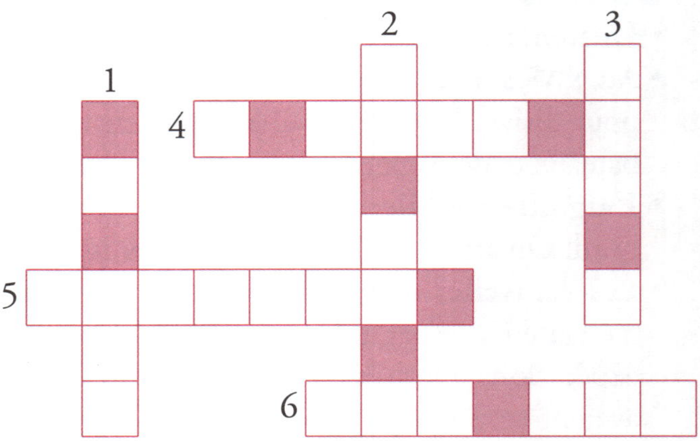

1. Il a découvert l'Amérique.

2. Ville d'Espagne d'où partit Magellan.

3. Endroit où Christophe Colomb pensait être arrivé.

4. Il a fait le premier tour du monde.

5. Son aiguille indique le nord.

6. Passage entre deux océans.

Le bateau mystérieux est la ☐☐☐☐☐☐☐☐☐.

10 Recherche dans un dictionnaire ce que ces navigateurs ont découvert ou franchi.

Bartolomeu DIAS : ....

Vasco de GAMA : ....

Jacques CARTIER : ....

11 Complète le dessin de la deuxième caravelle.

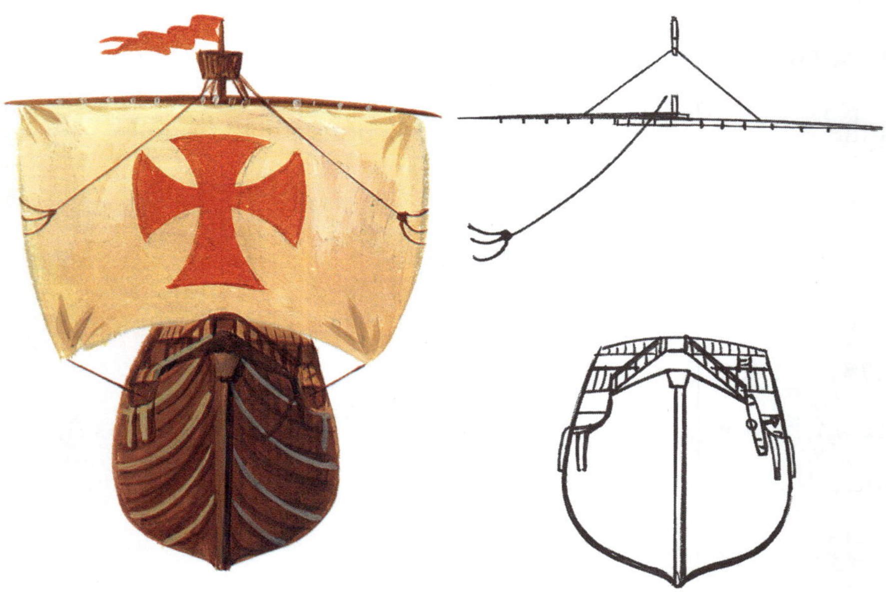

*

- **Autrefois**, peu de gens avaient le téléphone. Quand on voulait faire parvenir un message urgent à quelqu'un, on se rendait à la poste où l'on rédigeait un télégramme (dont le texte était téléphoné au bureau de poste du destinataire).
- **Comme chaque lettre et chaque signe étaient payants**, on écrivait le message le plus court possible.
- **C'est le facteur** qui apportait le télégramme à son destinataire.
- **Le télégraphe** est un système qui permet de transmettre des messages écrits au moyen de signaux électriques. Il a été inventé par Samuel Morse qui a mis au point un alphabet fait de traits et de points. La première transmission par télégraphe date de 1837.
- **Le téléphone** a été inventé par Graham Bell en 1876.
- **Le préfixe « télé »**, qui vient de la langue grecque, signifie « à distance », « au loin ». Ainsi téléphoner, c'est avoir une conversation avec une personne éloignée. Une télécopie est un texte (ou une image) envoyé à distance.

*** Le sais-tu ? en morse.**

6 Réponds.

Pourquoi le texte d'un télégramme doit-il être court ? ....

....

Qui apporte le télégramme à son destinataire ? ....

De quoi l'alphabet morse est-il constitué ? ....

7 Écris les dates.

La première transmission par télégraphe date de ....

Le téléphone a été inventé en ....

8 À l'aide d'un dictionnaire, retrouve les mots commençant par « télé ».

Appareil permettant de recevoir images et sons à distance : ....

Surveillance effectuée à distance : ....

Poste de réception de la télévision : ....

Sentiment de communication à distance par la pensée : ....

Diriger, guider à distance : ....

Ensemble des moyens de communication à distance : ....

Instrument d'observation astronomique : ....

9 Récris, en minuscule, en mettant les accents.

PREMIER CHEVALIER CARBONISE ....

DEUXIEME ECRABOUILLE ....

TROISIEME AVALE TOUT CRU ....

ROI DESESPERE ....

FACTEUR IDEE ....

ENVOIE LETTRE PIEGEE AU DRAGON ....

....

10 Écris la phrase finale des contes qui se terminent par un mariage (conjugue-la au passé simple).

....

....

11 Enlève des mots pour faire une phrase à la manière d'un télégramme.

HANSEL ET GRETEL PERDUS DANS UNE VASTE FORÊT ONT ÉTÉ CAPTURÉS PAR LA SORCIÈRE DE LA MAISON DE PAIN D'ÉPICE.

....

....

....

12 Écris l'histoire du Petit Chaperon rouge sous la forme d'une histoire télégramme.

....

....

....

....

....

....

....

....

LE SAIS-TU ?

Dimensions des océans		
Océan	**Superficie**	**La plus grande dimension**
Pacifique	127 millions de km^2	16 000 km à l'équateur
Atlantique	83 millions de km^2	16 000 km du nord au sud
Indien	74 millions de km^2	9 000 km du nord au sud

- **Les eaux marines** ont des températures variables. Les plus élevées vont de 25 °C à 30 °C dans les zones tropicales. Dans les zones polaires, la mer gèle à – 2 °C et devient une « bouillie » glacée avant de former une épaisse plaque de glace.
- **Le point le plus bas** de la Terre se trouve dans l'océan Pacifique, dans la fosse des Mariannes à 11 035 mètres de profondeur.

6 **Écris le nom de l'océan dont il s'agit.**

Il mesure 9 000 km du nord au sud : ....

Il mesure 16 000 km à l'équateur : ....

Il a une superficie de 83 millions de km^2 : ....

7 **Entoure la bonne réponse.**

On appelle abysse → un volcan sous-marin. / → une fosse sous-marine.

Les eaux marines ont des températures → constantes. / → variables.

8 **Réponds.**

Où se trouve le point le plus bas de la Terre ? ....

....

Sous quelle forme la mer gelée se présente-t-elle avant d'être une épaisse plaque de glace ? ....

9 **Complète avec les données chiffrées du document.**

L'océan Pacifique a une superficie de [ ] millions de km^2. Les eaux les plus chaudes ont une température de [ ] à [ ] °C. La mer gèle à – [ ] °C.

La profondeur la plus grande est de [ ] mètres.

10 **Colorie les océans et les mers en bleu. Ajoute les noms :** *océan Pacifique* **(2 fois),** *océan Atlantique, océan Indien, océan Antarctique* **(au pôle Sud) et** *océan Arctique* **(au pôle Nord).**

Océans du monde

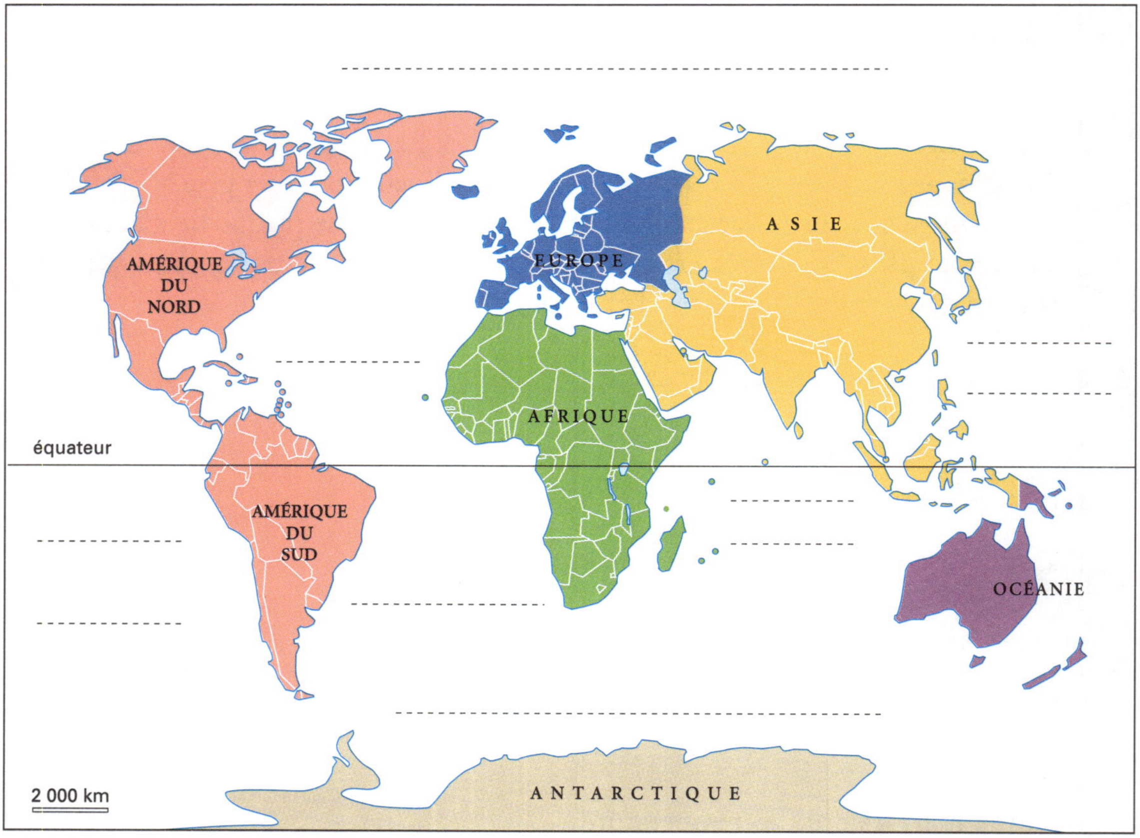

11 **Observe attentivement chaque partie du diagramme et complète les phrases.**

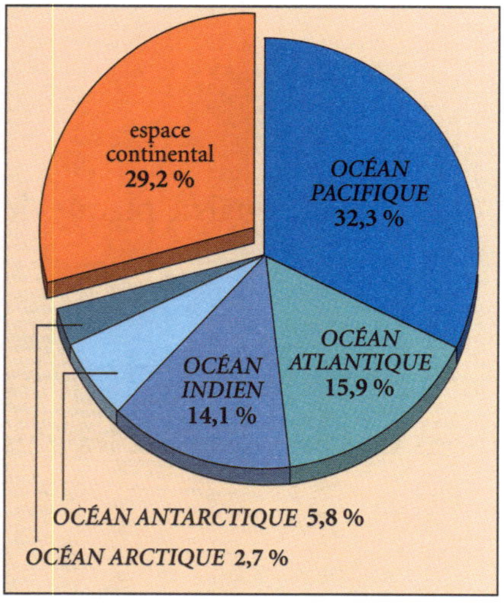

Les océans occupent .... du globe.

L'océan .... occupe 5,8 %.

L'océan Arctique occupe ....

L'océan .... occupe 15,9 %.

L'océan Pacifique occupe ....

Le sais-tu ?

- **Guillaume Apollinaire** est un poète français né à Rome en 1880 et mort à Paris en 1918.
- **Il s'intéressait** beaucoup à la peinture moderne et publia un livre pour la défendre : *Les Peintres cubistes.* Il écrivit des romans, des contes et des recueils de poèmes intitulés *Calligrammes* et *Alcools.*
- Le poème intitulé *Le Pont Mirabeau* a été publié en 1920. Ce poème a été mis en musique et chanté par **Léo Ferré.**
- **Le pont Mirabeau** est un pont de Paris situé à l'ouest de la capitale. Il porte le nom d'un personnage célèbre de la Révolution.

Profil d'Apollinaire par Picasso.

6 Écris.

Le titre du livre qu'Apollinaire a consacré à la peinture : ....

....

Le nom du chanteur qui a mis ce poème en musique : ....

7 Complète avec les dates.

Date de naissance de Guillaume Apollinaire [ ].

Date de sa mort [ ].

Date de publication du *Pont Mirabeau* [ ].

8 Écris V (vrai) ou F (faux).

- [ ] On appelle refrain la partie chantée qui est répétée plusieurs fois à l'identique.
- [ ] Toutes les chansons comportent un refrain.
- [ ] Les couplets ont les mêmes paroles.
- [ ] Dans une chanson, couplets et refrain alternent.
- [ ] Chaque couplet a un air différent.

9 Réponds.

Où se trouve le pont Mirabeau ? ....

Qui était Mirabeau ? ....

....

10 Trouve le mot mystère caché dans les cases colorées.

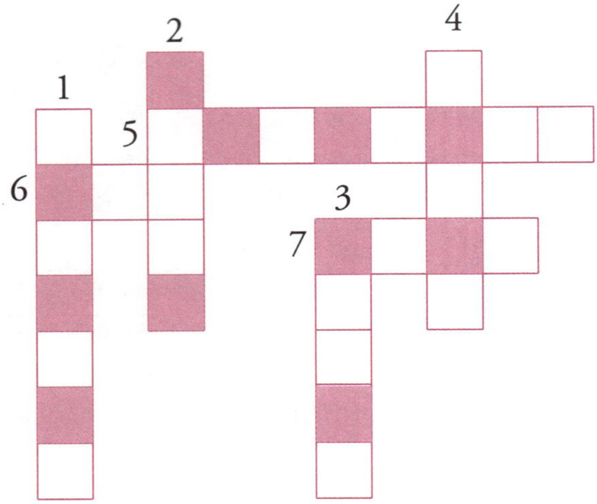

1. Titre d'un recueil de poèmes d'Apollinaire.
2. Contraire de haine.
3. Capitale de la France.
4. Fleuve qui passe à Paris.
5. Révolutionnaire célèbre.
6. Prénom de Ferré.
7. Traverse le fleuve.

Le mot mystère est A _ O _ _ _ _ A _ _ _ .

11 Complète le quatrième couplet avec les mots de la liste.

reviennent *Seine* *semaines*

Passent les jours et passent les ....

Ni le temps passé ni les amours ....

Sous le pont Mirabeau coule la ....

12 Reproduis les notes du refrain sur la portée (regarde très attentivement).

Le sais-tu ?

- **Un jour** est le temps mis par la Terre pour effectuer un tour sur elle-même. Ce temps est divisé en 24 heures.
- **La seconde** est l'unité internationale de temps.
- Nous avons, en hiver, **une heure de décalage** sur l'heure solaire parce que, pendant la Seconde Guerre mondiale, les Allemands qui occupaient Paris l'avaient mis à la même heure que Berlin.
- **Sur chaque bateau**, autrefois, un homme d'équipage était chargé de surveiller le sablier : il le retournait et comptabilisait chaque « retournement ».
- **La surface de la Terre** est divisée en 24 zones ; l'heure est la même du nord au sud.
- La mesure du temps, **en base soixante**, nous vient des Babyloniens.

6 Explique.

Qu'est-ce qu'un jour ? ....

....

7 Écris V (vrai) ou F (faux).

La minute est l'unité internationale de temps. ☐

Pendant la Seconde Guerre mondiale, les Allemands avaient mis Paris à la même heure que Berlin. ☐

Sur chaque bateau, un homme d'équipage était chargé de surveiller la clepsydre. ☐

8 Complète avec les données chiffrées du document.

Le temps d'un jour est divisé en ☐ heures. En hiver, nous avons ☐ heure de décalage sur l'heure solaire. La surface de la Terre est divisée en ☐ zones. La mesure du temps, en base ☐ , nous vient des Babyloniens.

9 Écris un mot de la même famille que le mot indiqué.

Heure : .... Sable : ....

Nation : .... Retournement : ....

10 Complète.

Une heure, c'est .... minutes. Une minute, c'est .... secondes.

11 Observe la carte qui te présente les fuseaux horaires et réponds aux questions.

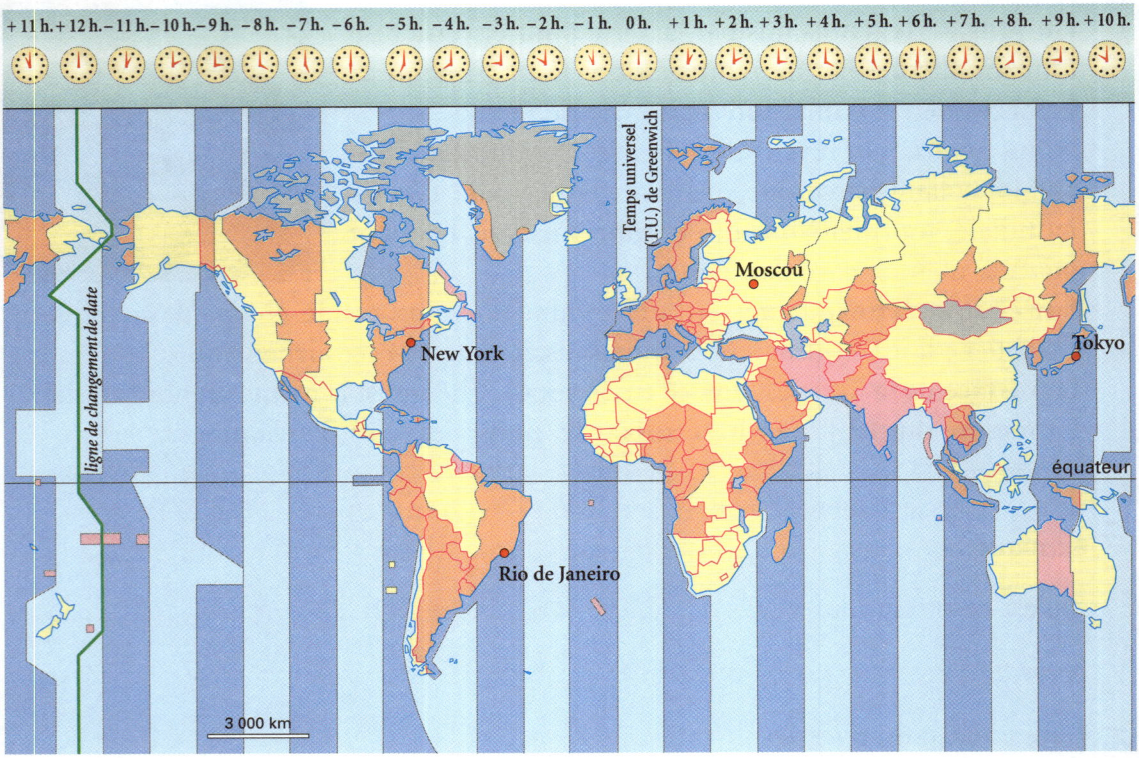

En combien de fuseaux (parties) la carte est-elle partagée ? ....

Combien de fuseaux horaires les États-Unis comptent-ils ? (N'oublie pas l'Alaska.)

....

Quand il est midi à Paris, quelle heure est-il à :

New York ? .... Tokyo ? ....

Rio de Janeiro ? .... Moscou ? ....

En partant de Paris, vers l'ouest, il faut .... sa montre d'une heure à chaque fuseau horaire et en partant vers l'est, il faut .... sa montre d'une heure à chaque fuseau horaire.

12 Écris combien de secondes il y a dans :

une minute : .... dix minutes : ....

une heure : .... cinq heures : ....

une journée : ....

Le sais-tu ?

© Willy Ronis / Rapho

- **Raymond Queneau** est né en 1903 et il est mort en 1976. Il a étudié les mathématiques et la philosophie. Il a écrit des romans dont le plus célèbre est *Zazie dans le métro*.
- **Les recueils de poèmes** de Queneau ont pour titres : *L'Instant fatal*, *Battre la campagne*, *Le Chien à la mandoline*, *Courir les rues*, *Fendre les flots*, *Les Ziaux*.
- ***Cent Milliards de poèmes*** est un livre fait d'une multitude de bandes de papier. Une phrase différente est écrite sur chacune d'elle : le lecteur peut ainsi composer autant de poèmes qu'il veut.
- **Certains textes** de Queneau sont devenus des chansons célèbres, comme « Si tu t'imagines... » interprétée par Juliette Gréco.
- **Jouer avec le langage**, inventer des mots passionne Queneau qui aime écrire à sa manière un langage « parlé-écrit » : les yeux, les eaux deviennent les ziaux ; la poésie, la poaisie ; les genoux, les jnous...

7 Écris.

L'année de naissance de Raymond Queneau : ....

Ce qu'il a étudié : ....

Le titre d'un de ses romans : ....

8 Entoure les titres qui commencent par un verbe.

L'Instant fatal	*Battre la campagne*	*Courir les rues*
Le Chien à la mandoline	*Fendre les flots*	*Les Ziaux*

9 Réponds.

Quelle est la chanteuse qui a interprété « Si tu t'imagines... » ? ....

....

Pourquoi dit-on que Raymond Queneau joue avec le langage ? ....

....

....

De quoi le recueil *Cent Milliards de poèmes* est-il composé ? ....

....

10 **Écris le mot (ou les mots) correctement orthographié(s) à la place du mot « inventé » par Raymond Queneau.**

UN ZOIZEAU : ....

LES DOUAS : ....

LES OUATURES : ....

UN TAKSI : ....

UN OUISQUI : ....

KÉKCHOSE : ....

11 **Complète ce poème de Queneau avec les mots dans la bulle.**

Bien placés bien choisis
quelques mots font une ....
les mots il suffit qu'on les ....
pour écrire un ....
on ne sait pas toujours ce qu'on dit
lorsque naît la poésie
faut ensuite rechercher le ....
pour intituler le poème
mais d'autres fois on pleure on ....
en écrivant la poésie
ça a toujours kékchose d'........................
un poème

Raymond Queneau, « Bien placés bien choisis »
issu de « Pour un art poétique » recueilli dans *L'Instant fatal*,

LE SAIS-TU ?

© Combas - adagp (2002)

- **Robert Combas** est né en 1957 à Lyon. Il a passé son enfance et sa jeunesse à Sète. Il vit et travaille à Paris depuis 1980.
- Combas peint **des toiles très libres**, très colorées, assez violentes parfois, avec beaucoup de personnages qui sont souvent en train de se battre ou de se faire des farces.
- Au départ, sa peinture devait s'appeler « **peinture fun** », mot anglais qui veut dire gai. Il dit que sa peinture est « amusante et décontractée ».
- Pour lui, tout est **déclencheur d'imaginaire** : une femme, un sujet historique, un sujet d'actualité, un décor, un animal...
- **Parfois**, il improvise ; parfois, il réalise une idée. Il peut aussi commencer une toile sur un sujet, puis, emporté par son imagination, il change de sujet.
- **Dans certaines de ses toiles**, le fond est noir comme « la nuit obscure » et les couleurs semblent sortir de la nuit, du cosmos.

6 Relie.

Lieu de naissance en 1957 •	• Sète
Lieu où l'artiste vit aujourd'hui •	• Lyon
Lieu où il a passé sa jeunesse •	• Paris

7 Complète avec les adjectifs et les noms.

Combas peint des toiles très ...., très ...., assez .... parfois, avec beaucoup de .... qui sont souvent en train de se battre ou de se faire des ....

8 Réponds.

Que signifie le mot anglais « fun » ? ....

Qu'est-ce qui est, pour le peintre, déclencheur d'imaginaire ? ....

....

D'où les couleurs semblent-elles sortir, dans certaines toiles ? ....

....

9 Relie les contraires.

Réaliser une idée. •	• Changer de sujet.
Suivre une idée. •	• Improviser.

10 Retrouve les mots de la liste dans la grille.

C	P	E	I	N	T	N
T	O	I	L	E	S	U
N	F	M	I	G	A	I
O	R	O	B	E	R	T
I	L	T	R	A	I	T
R	E	V	E	U	S	N

COMBAS – ROBERT – NUIT – PEINT – LIBRE – TOILES – TRAIT – GAI – IL – NOIR – REVE

Écris un mot avec les trois lettres qui restent : _ _ _

11 Relie le mot au style de peinture.

cube •	• abstraction
point •	• pointillisme
abstrait •	• cubisme
impression •	• figuration
figuratif •	• impressionnisme

12 Dessine un personnage à la manière de Robert Combas. Anime visage et vêtements à l'aide de traits noirs. Fais en sorte d'animer l'espace afin que tout le cadre soit couvert (ne laisse pas de vide). Donne un titre à ton œuvre.

....

Le cavalier de la nuit

Krista Ruepp

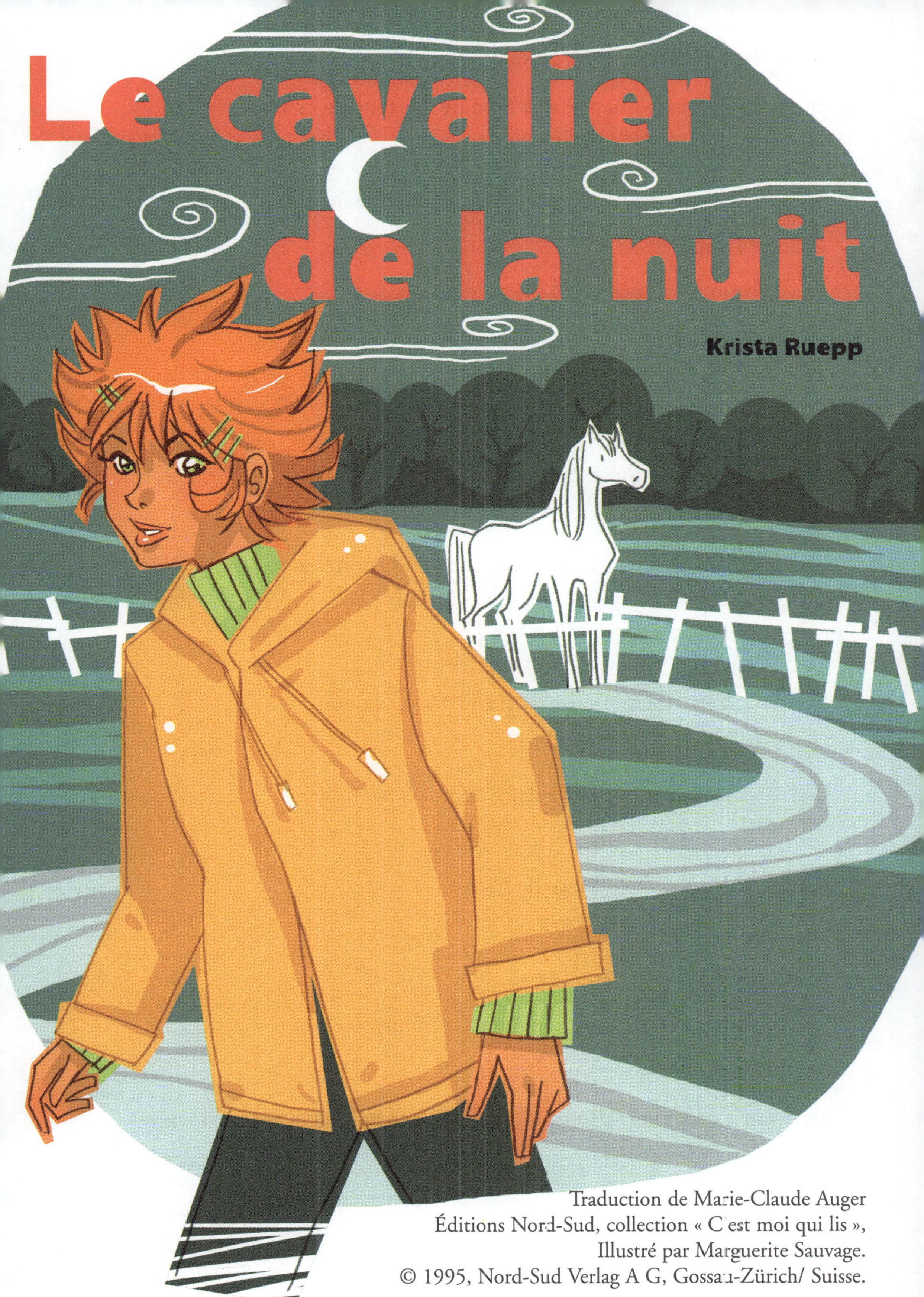

Traduction de Marie-Claude Auger
Éditions Nord-Sud, collection « C'est moi qui lis »,
Illustré par Marguerite Sauvage.

1. Du haut de la dune

Colorie l'étiquette qui porte le nom de l'auteur de ce récit.

Marie-Claude Auger	Krista Ruepp

Écris le nom des deux personnages qui dialoguent.

La fillette s'appelle ....

Le vieil homme s'appelle ....

Coche ce qui est vrai.

- ☐ La scène se passe à l'intérieur d'un bateau.
- ☐ C'est le matin.
- ☐ Les deux personnages sont sur la dune.
- ☐ Le brouillard se lève.
- ☐ Le vieux Corentin raconte toujours des histoires amusantes.
- ☐ Manu est un garçon.

Réponds.

Qui va, d'après Corentin, revenir rôder dans la nuit ? ....

....

Qu'est-ce qui enveloppe l'île dans un nuage de mystère ? ....

....

Pourquoi Manu frissonne-t-elle ? ....

....

Écris un synonyme.

l'air songeur : l'air .... mourir en mer : ....

des histoires effrayantes : des histoires ....

Écris toutes les expressions qui indiquent le lieu où la scène se passe.

....

....

....

1. Du haut de la dune

Le soir tombait sur Douannec.
« Pour sûr, elles vont revenir rôder dans la nuit... »,
dit le père Corentin à Manu,
et il tira longuement sur sa pipe, l'air pensif.

Du haut de la dune, le vieil homme et la fillette
regardaient le soleil se coucher sur la mer.
« Qui donc ? » demanda Manu.
« Les âmes des marins qui ont péri en mer ! »
Le vieux Corentin racontait toujours des histoires sinistres.
Un frisson passa dans le dos de Manu.
Le brouillard se levait sur la mer,
enveloppant la petite île dans un nuage de mystère.
Le vrai nom de Manu, c'était Emmanuelle,
mais tout le monde l'appelait Manu.

2. Manu

Coche ce qui correspond au portrait de Manu.

- ☐ Ses cheveux sont roux.
- ☐ Ses yeux sont bleus.
- ☐ Elle a les cheveux en bataille.
- ☐ Ses cheveux sont courts.
- ☐ Elle a une cicatrice sur le front.
- ☐ Elle a des taches de rousseur.

Complète.

Elle portait de .... jeans ...., un pull ....
.... et des bottes en ....

Réponds.

Quels sont les animaux qui vivent à la ferme de Manu ? ....
....
....

Pourquoi n'y a-t-il pas de chevaux ? ....
....

Que fait Manu chaque jour après l'école ? ....
....

Entoure la bonne réponse.

Le cheval s'appelle → Orion. / Pégase. / Flicka.

Le propriétaire du cheval s'appelle → Corentin. / Maudec'h.

Écris le pluriel des noms et des adjectifs.

un animal : des ....
un local : des ....
un canal : des ....
vertical : ....
original : ....
matinal : ....
un cheval : des ....
un journal : des ....
un rival : des ....
normal : ....
égal : ....
mondial : ....

2. Manu

Elle avait des cheveux roux, toujours en bataille,
des yeux bleus et d'innombrables taches de rousseur sur le nez.
La plupart du temps, elle portait de vieux jeans délavés,
un pull marin bleu et des bottes en caoutchouc.
Ses parents avaient une ferme avec des vaches, des moutons,
des poules, des oies, des canards et un cochon.
Mais pas de cheval !
C'était le seul animal qui manquait à la ferme.
Quand le vieux cheval de labour sur lequel Manu
avait appris à monter était mort,
ses parents avaient acheté un tracteur.

Or Manu avait une véritable passion pour les chevaux.
Tous les jours, après l'école, elle allait voir Orion.
Orion était un magnifique cheval blanc qui vivait dans un pré
non loin de là, juste à côté de la maison de Maudec'h,
le propriétaire du bel animal.

3. Un certain Maudec'h

Complète les renseignements sur Maudec'h.

Son nom : .... Son prénom : ....

Le lieu où il habite : .... Les sentiments que les gens ont à son propos : ....

Entoure les adjectifs employés dans le texte.

Il avait toujours l'air :

renfrogné	sinistre	bizarre	drôle
râleur	triste	bougon	sombre

Recopie ce que dit la vieille Bertha.

....

....

Entoure ce qui est vrai.

Personne ne parle à → Manu. / → Maudec'h.

Tout le monde donne raison à → Bertha. / → Maudec'h.

Manu apporte toujours quelque chose à → Antoine. / → Orion.

Réponds.

Que donne Manu à Orion ? ....

....

Que fait-il quand il la voit ? ....

....

Conjugue à l'imparfait.

Quand elle (va) .... voir Orion, Manu lui (apporte) .... toujours quelque chose. Le cheval (se précipite) .... vers elle. C'est ainsi qu'ils (sont) .... devenus amis.

3. Un certain Maudec'h

En fait, Maudec'h s'appelait Antoine Maudec'h
et habitait là depuis fort longtemps.
Mais les gens du pays ne l'aimaient guère.
Il avait toujours l'air si renfrogné et si bougon
que personne ne lui adressait la parole
quand il venait faire ses courses au village.
Et on racontait de drôles d'histoires sur son compte.
« Un nom pareil et un air aussi sombre,
ça ne peut rien donner de bon », disait la vieille Bertha,
et tout le monde lui donnait raison.

Quand elle allait voir Orion dans le pré,
Manu lui apportait toujours quelque chose :
une carotte, un morceau de pain ou une pomme.
Dès qu'il apercevait la fillette, le cheval
se précipitait vers elle en hennissant.
C'est ainsi qu'ils étaient devenus amis.

4. Un rêve secret

Réponds.

Quel est le rêve de Manu ? ....

....

Où rencontre-t-elle Maudec'h ? ....

....

Que lui demande-t-elle ? ....

....

Pourquoi Manu est-elle déçue ? ....

....

Ordonne les actions de Manu.

- ☐ Elle prend son courage à deux mains.
- ☐ Elle rêve depuis toujours de monter Orion.
- ☐ Elle rencontre Maudec'h par hasard.
- ☐ Elle sort de la boulangerie déçue.
- ☐ Elle n'obtient pas de réponse.

Complète avec les verbes.

Une scène .... constamment dans ses rêves : elle ....
sur le dos d'Orion. Les vagues ...., l'eau ....,
elle .... le martèlement des sabots du cheval sur le sable.

Entoure l'adjectif employé dans le texte.

le rêve → fou / secret / habituel

une nuit → sinistre / agitée / calme

le sable → doux / mouillé / dur

la fillette → enchantée / déçue / désolée

4. Un rêve secret

Le rêve secret de Manu, c'était de monter un jour Orion et de galoper avec lui sur la plage de sable doux. Elle avait souvent pensé à demander simplement la permission à Maudec'h, mais elle n'avait encore jamais osé.

Un jour pourtant, elle le rencontra par hasard chez le boulanger et, prenant son courage à deux mains, elle lui demanda :
« Monsieur Maudec'h, s'il vous plaît...
est-ce que je pourrais un jour monter Orion ? »
« Laisse-moi tranquille, grogna Maudec'h, je n'ai pas le temps. »
Et Manu sortit de la boulangerie, toute déçue.

Elle passa une nuit très agitée.
Une scène revenait constamment dans ses rêves :
elle était sur le dos d'Orion lancé au grand galop sur la plage.
Les vagues étincelaient, l'eau giclait, elle entendait le martèlement des sabots du cheval sur le sable.

5. Manu va voir Orion

Écris V (vrai) ou F (faux).

☐ Manu raconte son rêve à Orion.

☐ Une nuit, le vent se lève.

☐ Le bruit du vent réveille toute la famille.

☐ Manu se cache au fond de son lit.

☐ Manu sort dans la nuit retrouver le cheval.

☐ Le cheval est à l'écurie.

Réponds.

Pourquoi Manu s'est-elle réveillée ? ....

....

Que fait-elle ? ....

....

Colorie les cases où le verbe est conjugué au futur.

j'arrive	j'arrivais	j'arriverai
je verrai	je vis	je voyais

Entoure en rouge les expressions qui ont un rapport avec le temps, en bleu celles qui indiquent la manière.

à tâtons	le lendemain	un jour
une nuit	doucement	sans bruit
en courant	soudain	légèrement

Écris l'adverbe qui correspond à l'adjectif.

simple : ....

long : ....

léger : ....

doux : ....

courant : ....

5. Manu va voir Orion

Le lendemain, elle alla voir Orion et lui raconta son rêve.
« Tu vas voir, un jour, j'y arriverai », dit-elle
en caressant la crinière de l'animal.

Une nuit, les rayons de la pleine lune pénétrèrent par la fenêtre
de sa chambre et se posèrent sur le visage de la fillette endormie.
Une rafale de vent fit claquer le volet et Manu se réveilla.
Sans bruit, elle se glissa hors de son lit et sortit de la maison.
Elle partit en courant en direction de la maison de Maudec'h,
avec une seule idée en tête : aller retrouver Orion !
À tâtons, elle se faufila jusqu'à l'écurie et attrapa au passage
le harnais qui cliqueta légèrement dans sa main.
Dans la maison, le chien se mit à aboyer.
La fillette courut jusqu'au pré et escalada la clôture.
« Orion ! » appela-t-elle doucement.
Une bourrasque dissipa le brouillard et, soudain,
dans le clair de lune, le cheval blanc apparut au milieu de la prairie.

6. Enfin !

Recopie les expressions qui montrent que le cheval est heureux de voir Manu.

....

....

....

Réponds.

Que met Manu à Orion ? ....

Comment la fillette fait-elle pour monter sur son dos ? ....

....

Où Manu va-t-elle avec le cheval ? ....

Écris V (vrai) ou F (faux).

☐ Le cheval sent bon l'herbe fraîche.

☐ Manu lui met une selle de cuir.

☐ Ils vont dans la forêt.

☐ La fillette est une excellente cavalière.

☐ La scène se passe la nuit.

☐ Orion et Manu sont seuls.

Colorie le verbe employé dans le texte.

Le vent [joua / jouait] dans sa crinière.

Le cheval [dressa / dressait] les oreilles.

Manu lui [mit / mettait] le harnais.

Des couronnes d'écume [dansèrent / dansaient] sur la crête des vagues.

Écris *seul, seuls, seule* **ou** *seules*.

Le cheval galope .... sur la plage. Manu est la .... à monter Orion. Ils ne sont pas .... les vagues font de l'écume.

6. Enfin !

Le vent jouait dans sa crinière.
Il dressa les oreilles et vint frotter sa tête contre la fillette.
Il sentait bon l'herbe fraîche.
Manu lui mit le harnais et ouvrit la barrière.
Puis elle le conduisit près d'un tronc d'arbre, y grimpa,
prit son élan et, d'un bond, atterrit sur son dos. Enfin !
Enfin, son rêve se réalisait ! Son cœur battait à tout rompre.
Orion secoua joyeusement la tête en hennissant.
Manu se sentait en sécurité sur son dos,
car elle était excellente cavalière !
Le sable brillait sous les rayons de la lune.
Des couronnes d'écume dansaient
sur la crête des vagues qui déferlaient sur la plage.
Manu fit galoper le cheval tout près de l'eau.
Ils avaient le vent dans le dos, un vent fou
qui chassait les nuages dans le ciel.

Seuls sur la plage, Manu et le cheval semblaient
ne faire qu'un avec les vagues, le sable et la mer.
Mais ils n'étaient pas seuls...

7. Un sixième sens

Entoure la bonne réponse.

La personne qui voit Orion et Manu galoper la nuit sur la plage est
- → Antoine Maudec'h.
- → le père Corentin.
- → le père de Manu.

Réponds.

Qu'est-ce qui s'annonce ? ....

De quoi le père Corentin prévient-il les paysans ? ....

....

Pourquoi les gens écoutent-ils ses conseils ? ....

....

Quel spectacle incroyable le père Corentin observe-t-il ? ....

....

....

Entoure en vert les expressions qui indiquent le temps, en rouge celles qui indiquent le moment et en bleu celles qui indiquent le lieu.

sur la dune — une fois de plus — quand — les jours de tempête

à travers les embruns — devant la lune

souvent — dans les vagues — à nouveau

Réponds par « oui » ou par « non ».

Le père Corentin est-il inquiet ? ....

Sent-il une tempête arriver ? ....

Les gens se moquent-ils de ses conseils ? ....

Orion et Manu avancent-ils vers le père Corentin ? ....

Recopie l'expression qui indique que le père Corentin craint qu'un malheur n'arrive.

....

....

7. Un sixième sens

Sur la dune, le père Corentin les observait.
Une fois de plus, il n'avait pas réussi à s'endormir.
Quand une tempête s'annonçait, il le sentait jusque dans ses os.
Il était donc allé se promener sur la dune pour regarder la mer qu'il connaissait mieux que quiconque.
Les jours de tempête, il lui arrivait souvent de prévenir les paysans que la mer allait inonder leurs terres.
Les gens disaient qu'il avait un « sixième sens » et tous écoutaient ses conseils.

Le père Corentin ne pouvait détacher les yeux du spectacle incroyable qui s'offrait à lui.
N'était-ce pas un cheval blanc qui galopait à travers les embruns ?
Avec un cavalier sur le dos ?
Il les voyait disparaître dans les vagues puis réapparaître à nouveau.
Des nuages noirs passèrent devant la lune et les deux silhouettes disparurent dans l'obscurité.
Corentin n'avait plus de doutes :
« Ce doit être le diable en personne pour galoper comme ça ! murmura-t-il.
C'est mauvais signe, mauvais signe... »
Glacé d'effroi, il se dépêcha de rentrer chez lui.
« C'était le diable en personne ! » répétait-il.

8. Orion a disparu !

Coche ce qui est vrai.

- ☐ Monsieur Maudec'h est réveillé par le père Corentin.
- ☐ Il voit qu'Orion est à l'écurie.
- ☐ Il soupçonne Manu d'avoir emmené Orion.
- ☐ Il se rend chez la jeune fille.

Recopie les phrases dans le tableau.

Tu ne perds rien pour attendre. Elle va m'entendre ! C'est fantastique !
Elle n'a pas froid aux yeux. Il était impressionné. Tu vas voir un peu.

Expressions qui indiquent la colère.
....
....
....

Expressions qui montrent l'admiration.
....
....
....

Ordonne ces phrases qui concernent Maudec'h.

- ☐ Il va jusqu'à la fenêtre.
- ☐ Il est réveillé par les aboiements de son chien.
- ☐ Il court jusqu'à la plage.
- ☐ Il bout de colère.
- ☐ Il aperçoit Orion et Manu.

Écris une expression du texte synonyme.

stupéfait : .... la tempête se déchaînait : ....

il pensa : .... c'est extraordinaire : ....

rapidement : .... il s'arrêta : ....

8. Orion a disparu !

Monsieur Maudec'h fut tiré de son sommeil
par les aboiements de son chien.
Il alla jusqu'à la fenêtre.
À la lumière de la lune, il vit que la porte de l'écurie était ouverte,
de même que la barrière du pré. Orion serait-il... ?
Il se souvint alors que la petite voisine était souvent
venue voir le cheval ces derniers temps.
Et... il songea à la question qu'elle lui avait posée à la boulangerie.
Ses soupçons se confirmaient.

Maudec'h sortit précipitamment et courut jusqu'à la plage.
La mer était démontée, des couronnes d'écume étincelaient
sous la lune dans la tempête qui faisait rage.
Il s'immobilisa soudain, comme frappé par la foudre,
en apercevant le cheval et l'enfant.

« Tu ne perds rien pour attendre, s'écria-t-il,
ah ! tu vas voir un peu ! »
Il bouillait de colère et, cependant,
il était impressionné.
Elle n'a pas froid aux yeux,
cette gamine ! pensait-il,
et elle monte comme le diable en personne !
Il y a une puissance dans ce cheval.
C'est incroyable, fantastique... !
N'empêche, elle va m'entendre !

9. L'accident

Explique.

Pourquoi Manu et Orion doivent-ils faire demi-tour ? ....

....

Pourquoi Manu a-t-elle peur ? ....

....

Pourquoi Manu perd-elle l'équilibre ? ....

....

Pourquoi Maudec'h se précipite-t-il ? ....

....

Écris qui est désigné par les mots soulignés : *Manu*, *Orion* **ou** *Maudec'h*.

Elle s'agrippa : .... Ils durent faire demi-tour : ....

Elle eut peur : .... Elle fut projetée sur le sable : ....

Celui-ci comprit ce qui s'était passé : ....

Il chercha la fillette : .... Il la prit dans ses bras : ....

Entoure la bonne réponse.

Manu est projetée
- sur un morceau de bois.
- sur le sable.

Maudec'h arrive
- trop tard.
- juste à temps.

Le cheval disparaît
- derrière la dune.
- dans les vagues.

Manu a failli être
- emportée par les vagues.
- piétinée par le cheval.

Récris ces phrases en conjuguant les verbes au passé simple.

Manu **serre** la bride. ....

Elle **perd** l'équilibre. ....

Le cheval **passe** au galop. ....

Maudec'h **comprend** ce qui s'était passé. ....

Il **cherche** la fillette. ....

Il **se précipite** pour la sauver. ....

9. L'accident

Manu et Orion avaient atteint l'extrémité sud de la plage.
Ils durent faire demi-tour.
La tempête était de plus en plus violente.
Le cheval était maintenant face au vent,
ses naseaux se mirent à frémir.

Soudain, une force irrésistible parut s'emparer de l'animal.
Manu serra la bride de toutes ses forces mais ne put le retenir.
Elle s'agrippa à sa crinière et, pour la première fois, elle eut peur.
Orion fit un bond de géant au-dessus d'un morceau de bois.
À cet instant, Manu perdit l'équilibre.
Elle fut projetée sur le sable et perdit connaissance.
Le cheval passa alors au grand galop près de Maudec'h
et disparut derrière la dune.

Celui-ci comprit tout de suite ce qui s'était passé.
Il chercha la fillette des yeux et l'aperçut enfin, tout près de l'eau !
Il se précipita et arriva juste à temps pour sauver Manu
qui allait être emportée par les vagues.
Il la prit dans ses bras et la porta jusque chez lui.

10. Cela aurait pu mal tourner !

Réponds.

Où Manu se trouve-t-elle ? ....

....

Qui est le nouveau personnage dont on parle ? ....

....

Pourquoi Maudec'h ne fait-il pas venir le médecin ? ....

....

Quand Orion devient-il fou ? ....

....

Complète ces phrases négatives.

..... aie ..... peur. Il ..... faut ..... monter un cheval qu'on ..... connaît ..... .

Il arrive qu'on ..... puisse ..... le retenir.

Tu ..... pouvais ..... savoir.

Coche la bonne réponse.

« Cela aurait pu mal tourner » signifie :
- ☐ il aurait pu aller à un mauvais endroit.
- ☐ il aurait pu arriver malheur.

« Manu renifla » signifie :
- ☐ elle pleurnicha un peu.
- ☐ elle respira très fort.

Colorie les étiquettes avec des verbes conjugués au passé composé.

Tu as de la chance.	Tu as fait une chute.	Orion rentre dans le pré.
Tu as eu de la chance.	Tu fais une chute.	Orion est rentré dans le pré.

Écris le verbe à l'infinitif qui correspond aux verbes conjugués.

Il arrive qu'on ne **puisse** plus le retenir. Cela **aurait pu** mal tourner. Tu ne **pouvais** pas savoir. Je **pourrai** remonter Orion.

Il s'agit du verbe ....

10. Cela aurait pu mal tourner !

Il allait appeler le docteur Tanguy quand Manu ouvrit les yeux.
« Où... suis-je ? » demanda-t-elle affolée.
« N'aie pas peur..., dit le vieil homme, tu es chez moi.
Tu as fait une chute et je t'ai trouvée évanouie sur la plage. »
Au bout d'un moment, Maudec'h poursuivit :
« Orion est rentré dans le pré.
Tu as eu beaucoup de chance, Emmanuelle...
Cela aurait pu mal tourner !
Tu vois pourquoi il ne faut jamais monter
un cheval qu'on ne connaît pas. »
Manu renifla.
« Mais, Orion, je le connais ! » dit-elle.
Monsieur Maudec'h lui tendit un mouchoir.
« Il arrive qu'on ne puisse plus le retenir », dit-il.
« Quand le vent souffle dans ses naseaux, ça le rend fou.
Tu ne pouvais pas savoir, mais ça peut être très dangereux. »
« Je pourrai remonter Orion ? » demanda-t-elle d'une toute petite voix.
« Hum ! fit Maudec'h, pas toute seule ! Bon, je vais nous faire du thé. »

11. Un réveil difficile

Réponds.

Où Manu est-elle maintenant ? ....

Pourquoi la fillette est-elle bien fatiguée ? ....

....

Quel aveu fait-elle ? ....

Écris V (vrai) ou F (faux).

☐ Manu a dormi chez Monsieur Maudec'h.

☐ Ses parents ne se sont aperçus de rien.

☐ Manu doit se dépêcher d'aller à l'école.

Entoure en jaune les expressions qui indiquent le temps, en bleu celles qui indiquent la manière et en rouge celles qui indiquent le lieu.

quand — dans sa chambre — profondément — le lendemain matin

dans la cuisine — chez elle — sans faire de bruit — cette nuit — maintenant

Transforme les phrases comme dans le modèle.

Tu montes dans ta chambre. *Tu vas monter dans ta chambre.*

Tu dors bien. ....

Tu fais de beaux rêves. ....

Tu es fatigué. ....

Tu es en retard. ....

Colorie le mot correct.

Manu est [remis / remise] de sa chute.

Elle est [assis / assise] dans la cuisine.

Elle était tout [endormie. / endormi.]

Elle semblait [fatigué / fatiguée.]

11. Un réveil difficile

Quand Manu fut remise de sa chute,
Maudec'h la raccompagna chez elle.
Elle se glissa dans sa chambre, sans faire de bruit.
Ses parents ne s'étaient aperçus de rien.
En fait, il est très gentil, ce Monsieur Maudec'h,
pensa Manu avant de s'endormir profondément.

« Allez, allez, c'est l'heure de se réveiller ! Debout ! »
appela sa mère le lendemain matin.
Peu après, Manu était assise dans la cuisine,
encore tout endormie, devant son petit déjeuner.
« Tu m'as l'air bien fatiguée. Tu as mal dormi ? » demanda son père.
« Oh, je n'ai presque pas dormi. J'ai monté Orion cette nuit... »

Mais son père l'interrompit : « Tu as encore rêvé ! C'est la tempête.
Et maintenant, dépêche-toi d'aller à l'école, tu vas être en retard ! »

12. Tu tombes bien !

Relie.

Le matin • • la tempête se calme ; il commence à pleuvoir.

L'après-midi • • le père Corentin va voir les paysans de l'île pour les prévenir de rentrer les bêtes.

Explique.

Pourquoi les paysans doivent-ils rentrer leurs bêtes ? ....

....

Pourquoi Corentin ne leur parle-t-il pas du cavalier de la nuit ?.................

....

Pourquoi Maudec'h dit à Manu : « Tu tombes bien ! » ?.........................

....

Coche ce qui est vrai.

« La tempête redoublait de violence » signifie : ☐ la tempête perd de sa violence.
☐ la tempête devient de plus en plus violente.

« Il ne souffla mot » signifie : ☐ il ne dit rien. ☐ il parle en n'étant pas essoufflé.

Écris l'article défini qui convient : *l' - le - la - les.*

...... père Corentin ...... après-midi ...... même heure ...... bêtes

...... écurie ...... tempête ...... mer ...... cheval

Colorie le verbe employé dans le texte.

Manu et Maudec'h — soignent / soignaient / soignèrent — Orion ensemble.

Monsieur Maudec'h — a fait / avait fait / faisait — du feu dans la cheminée.

12. Tu tombes bien !

À la même heure, le père Corentin se mettait en route, luttant contre la tempête qui redoublait de violence.
« Je le savais ! Je le savais ! » murmurait-il.
Il allait voir les paysans de l'île qui avaient encore des bêtes dehors.
« La mer va inonder les prés, il faut rentrer les bêtes ! » leur cria-t-il, mais il ne souffla mot du mystérieux cavalier de la nuit.
Il ne voulait pas ajouter à leurs soucis.

L'après-midi, la tempête se calma un peu.
Quand Manu partit pour aller voir Orion, il commençait à pleuvoir.
Le cheval était déjà à l'écurie et Monsieur Maudec'h lui donnait du foin tout frais.
« Tu tombes bien, lui dit-il, tu vas pouvoir m'aider ! »
Et ils le soignèrent ensemble.
« Je suis content que tu viennes nous voir, Emmanuelle. »
Monsieur Maudec'h avait fait du feu dans la cheminée et préparé un délicieux chocolat chaud.

13. Monsieur Antoine...

Entoure la bonne réponse. Que désigne le mot « nous » (à la première ligne du texte).

Manu et Orion | Maudec'h et Orion | Manu et Maudec'h

Écris V (vrai) ou F (faux).

- ☐ Maudec'h et Manu boivent du thé.
- ☐ Maudec'h n'aime pas les gens du village.
- ☐ Il a toujours l'air de mauvaise humeur.
- ☐ Le nom de famille de Maudec'h est Antoine.

Explique.

Pourquoi Manu dit-elle merci à Maudec'h ? ....

....

....

Écris la question comme elle est posée dans le texte.

Avez-vous dit : nous ?...

....

Sais-tu pourquoi les gens du village ne m'aiment pas ?...............................

....

Relie.

grincheux	•	•	de bonne humeur
joyeux	•	•	de mauvaise humeur

Écris le pronom qui convient : *Nous - Vous - Ils.*

.... sommes parfois bien seuls.

.... burent un chocolat.

.... avez l'air de mauvaise humeur.

.... parlent tout bas.

.... pouvez m'appeler Antoine.

13. Monsieur Antoine...

« Vous avez dit : nous ? » demanda Manu.

« Oui, nous sommes parfois bien seuls ici, Orion et moi », dit le vieil homme.

Ils burent leur chocolat.

« Emmanuelle, poursuivit-il, réponds-moi franchement. Est-ce que tu sais pourquoi les gens du village ne m'aiment pas ? Ils me traitent de vieux grincheux et parlent tout bas dans mon dos... »

« C'est parce que vous avez toujours l'air de mauvaise humeur. C'est pour ça ! » répondit Manu simplement.

« Vraiment ? Tu as peut-être raison, au fond. »

Et il resta un long moment silencieux à regarder les flammes qui dansaient.

« Monsieur Maudec'h... », commença Emmanuelle.

« Oui. »

« Vous pouvez m'appeler Manu, comme tout le monde. »

Monsieur Maudec'h ne put s'empêcher de rire :

« Et moi, je suis Antoine », ajouta-t-il.

« Merci, monsieur Antoine », dit-elle.

14. Un mystérieux cavalier

Réponds.

Qui sont les trois silhouettes qui se frayent un chemin à travers les flaques d'eau ?

....

Que font les gens du village quand Maudec'h les salue ? ....

....

Avaient-ils la même attitude avant ? ....

....

De qui le père Corentin parle-t-il ? ....

....

Que dit-il à propos du cavalier ? ....

....

Sait-il qu'il s'agit de Manu ? ....

....

Coche ce qui est vrai.

Cette scène se passe :

- ☐ le lendemain de la nuit de la tempête.
- ☐ très longtemps après.
- ☐ quelques jours après.
- ☐ avant la scène de la tempête.

Colorie les expressions qui indiquent que le cheval était rapide.

Il filait à la vitesse du vent.	Il marchait le long de la mer.
Il avançait pas à pas.	Il galopait ventre à terre.

Complète avec les compléments du nom utilisés dans le texte.

les flaques d'	la nuit de ....
les gens du	un clin d' ....
le cavalier de	le récit de ....

14. Un mystérieux cavalier

Les jours qui suivirent la tempête furent gris et pluvieux.
Venant de directions différentes, trois silhouettes emmitouflées se frayaient un chemin à travers les flaques d'eau.
Elles se retrouvèrent devant la boulangerie.
Il s'agissait du vieux Corentin, de Maudec'h et de Manu.

« Bien le bonjour la compagnie ! » lança Antoine Maudec'h à la ronde pour saluer les gens du village.
Surpris, ils répondirent à son salut.
« Manu, as-tu déjà entendu parler du cavalier de la nuit ? » demanda le père Corentin.
Et il se mit à raconter l'histoire du mystérieux cavalier qui, la nuit de la tempête, galopait ventre à terre le long de la mer sur un grand cheval blanc.
Et le lendemain, les prairies avaient toutes été inondées !

« Il filait à la vitesse du vent.
Seul le diable en personne peut galoper ainsi !
Vous pouvez me croire... »

Dans la boulangerie, tout le monde retenait son souffle.
Antoine et Manu échangèrent un clin d'œil complice, réprimant leur envie de rire.
La vieille Bertha avait écouté le récit de Corentin avec beaucoup d'attention.

« Il faut que je raconte ça au village », se dit-elle.

15. Un secret bien gardé

Réponds.

Pourquoi les villageois vont-ils souvent sur la falaise ? ....

....

Que fait Antoine quand Manu monte Orion ? ....

....

Quelles sortes d'histoires Maudec'h semble-t-il apprécier ? ....

....

Qui a l'habitude d'en raconter ? ....

Coche les bonnes réponses.

Les seuls qui connaissent le secret du cavalier de la nuit sont :

- [ ] Maudec'h
- [ ] le père Corentin
- [ ] Orion
- [ ] Manu
- [ ] la vieille Bertha
- [ ] le docteur Tanguy

Colorie la bonne étiquette.

PERSONNE / CORENTIN	ne se douta jamais que Manu était le cavalier de la nuit.

MAUDEC'H / MANU	pansait et brossait Orion.

Explique.

Quels sont les changements entre le début et la fin de l'histoire ? ....

....

....

Écris ce que tu penses de cette histoire.

....

....

....

15. Un secret bien gardé

Et bientôt, tous les habitants de l'île
furent au courant de l'histoire du cavalier de la nuit.
À partir de ce jour, les villageois allèrent souvent sur la falaise
dans l'espoir d'apercevoir le cavalier de la nuit.

Les jours passaient. Dès qu'elle avait le temps,
Manu allait voir Monsieur Maudec'h.
Elle donnait à manger à Orion, le pansait, le brossait.
Et quand elle le montait, le long de la plage,
Antoine l'accompagnait toujours avec son chien.
Parfois, ils rencontraient le père Corentin
qui faisait alors un bout de chemin avec eux.

En effet, le vieil homme avait cru remarquer
que Monsieur Maudec'h aimait bien ses histoires de revenants.
On vit de plus en plus souvent Manu
et le beau cheval blanc se promener sur la plage.
Mais personne, pas même le vieux Corentin
qui pouvait prévoir les inondations, ne se douta jamais
que Manu pouvait être le mystérieux cavalier de la nuit.

Les seuls à connaître le secret de cette nuit de tempête
furent Manu, Monsieur Maudec'h et... Orion.

AUTEUR : MARTINE GÉHIN (PEMF)

Illustrations : Alain BOYER (11, 15), Céline CANEPARO (1, 14), Valérie DECUGIS (3, 8, 16), Aude MAUREL (10), Florence QUINTIN (4, 7, 12), Marguerite SAUVAGE (nouvelle), YUTIO (5).
Couverture : conception Delphine d'INGUIMBERT. Photo, grotte Chauvet-Pont-d'Arc, *document élaboré avec le concours du **Ministère de la culture et de la communication,** Direction régionale des affaires culturelles de Rhône-Alpes, service régional de l'archéologie.* Dessin, Marguerite SAUVAGE
Maquette intérieure : Sophie BOUGNON
Iconographie : Chantal HANOTEAU
Cartographie : Hachette Éducation

Mise en page et réalisation : Véronique CHABERT d'HIÈRES
Crédit (couverture) : © DRAC Rhône-Alpes, Ministère de la Culture.

ISBN : 2 01 11 6355 2

CM1

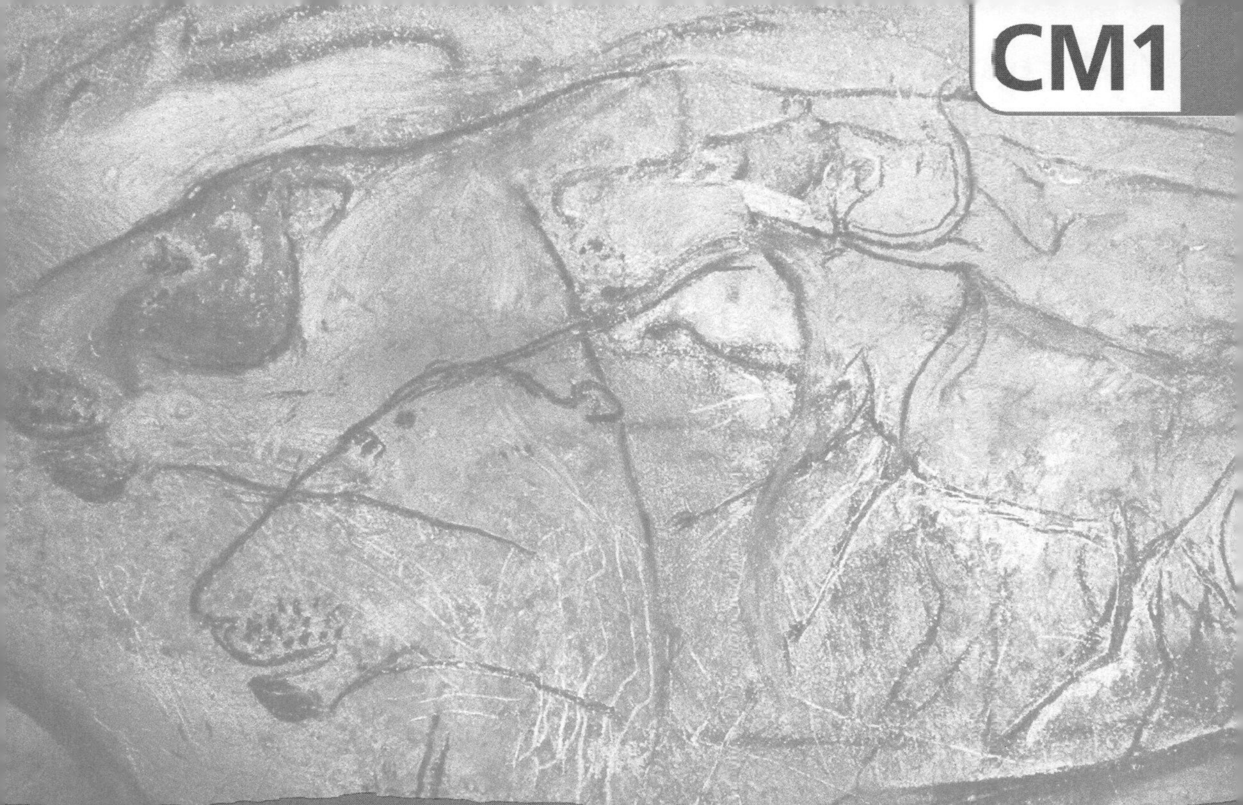

Corrigé des exercices

1 SAHARA

1 Parce que le Sahara est une région très sèche, sablonneuse ou rocailleuse et dépourvue de végétation.

2 **V**

F (Le Sahara est un vaste désert de sable et de pierres.)

F (Il s'étend de l'Atlantique à la mer Rouge.)

V

V

F (Il fait très chaud le jour et il fait très froid la nuit.)

3 L'Algérie, le Maroc, la Tunisie, la Libye, l'Égypte, la Mauritanie, le Mali, le Niger, le Tchad et le Soudan.

4 Le jour, il fait très **chaud**.

La nuit, il fait très **froid**.

Le climat est **sec**.

Le relief est **varié**.

5 Le paysage des dunes change sans cesse parce que le vent soulève le sable.

L'oasis est un lieu de vie parce que les plantes, les voyageurs et les animaux y trouvent de l'eau.

6 Mots en rouge : lézards – addax – vipères – gerboises – dromadaires.

Mots en jaune : Maures – Touaregs.

7 En Afrique (Sahara), en Australie, en Asie centrale, en Californie, au Nouveau-Mexique, dans les Andes.

8 Les principales causes de la désertification sont le réchauffement de la planète et la disparition des plantes.

9 Il vit en Asie : **le chameau**.

Il vit au Sahara : **le dromadaire**.

Il vit en Australie : **le dromadaire**.

Il a une bosse : **le dromadaire**.

Il a deux bosses : **le chameau**.

10 Le Petit Prince, d'Antoine de Saint-Exupéry.

11 La Vallée de la Mort en Californie est un des déserts les plus **chauds** du monde. C'est un **ancien** lac **salé**.

12 Grille :

1 Sec

2 Dunes

3 Sable

4 Oasis

5 Maroc

6 Dromadaire

7 Désert

Le mot mystère est **CACTUS**.

13

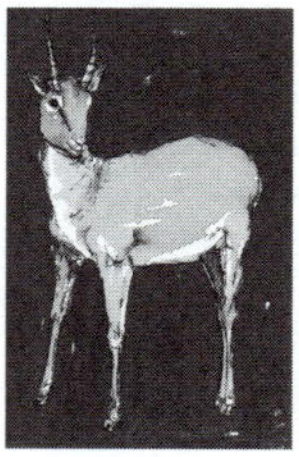

gazelle

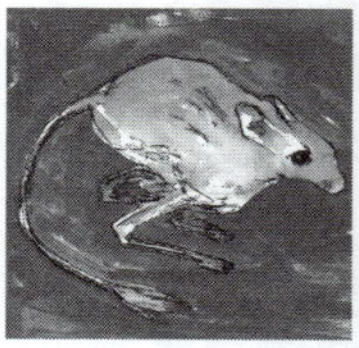

gerboise

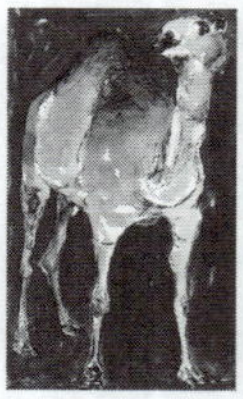

dromadaire

14 SAHARA DÉSERT ADDAX OASIS

2 Cro-Magnon l'artiste

1 Le fait d'être debout a libéré les mains et la tête de l'homme préhistorique et permit le développement du cerveau et donc de l'intelligence.

Les hommes de Cro-Magnon sont appelés ainsi parce que c'est le nom de la grotte de Dordogne où leurs ossements ont été découverts.

Les hommes de Cro-Magnon peignaient et gravaient sur les parois des grottes.

2 L'australopithèque est l'homme le plus ancien.
L'Homo sapiens sapiens est l'homme moderne.

3 **V**
F (Les Homo sapiens sapiens sont les premiers artistes.)
V
F (Les dessins les plus anciens remontent à 30 000 ans.)
V
F (Elle est ornée de près de 300 peintures.)

4 On utilise de l'ocre pour obtenir du **jaune**.
On utilise de l'oxyde de fer pour obtenir du **rouge**.
On utilise de la suie pour obtenir du **noir**.

5 Des mammouths, des lions, des rhinocéros, des panthères, des pingouins, des phoques, des chevaux.

6 **V**
F (Elle a été découverte en 1994.)
V
F (On y accède par un tunnel d'environ 200 mètres.)
F (Elles se situent dans deux villages du Lot.)
V

7 La grotte Chauvet est la plus ancienne.
La grotte Chauvet se trouve dans l'Ardèche.

La grotte Cosquer est près de Cassis.
La grotte Cosquer a un accès sous-marin.

La grotte de Lagrave est située dans le Lot.
La grotte de Lagrave est ornée de gravures.

La grotte de Pestillac est située dans le Lot.
La grotte de Pestillac est ornée de gravures.

8

un auroch

un renne

un cheval

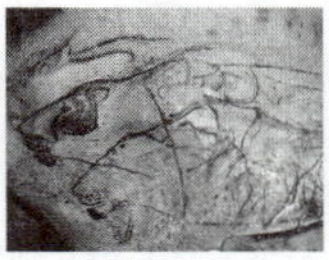

un lion

9

Q	S	A	G	A	I	E	R
S	C	I	O	R	A	P	O
H	A	R	P	O	N	S	C
A	N	C	E	T	R	E	H
X	U	A	C	S	A	L	E

10 À toi de jouer ! (Tu peux compléter le dessin avec des silhouettes de lion, de renne, de mammouth, de bison...)

3 Le Pont-Neuf

1 Le Pont-Neuf est construit sur la Seine.
Un mendiant chante cette complainte.
Il s'accompagne avec un orgue de Barbarie.

2 V
F (Le Pont-Neuf est le nom d'un pont.)
F (Il a été édifié sous Henri IV.)
F (Raymond Devos est l'auteur de cette complainte.)

3 Ces mots ont tous la même racine.
On dit que le Pont-Neuf est vieux parce qu'il a vu passer et trépasser du monde depuis Henri IV.

4 Phrases soulignées en bleu :
Il est costaud.
Il a vu beaucoup de couleurs différentes.
Il a renversé un flacon plein d'encre.

Phrases soulignées en rouge :
Il sert d'excuse.
Il a subi beaucoup d'épreuves difficiles.
Il a beaucoup fait parler de lui.

5 Une histoire → Un récit ou un conte
L'Histoire → Les événements du passé
Le panache blanc → Le temps de Henri IV
Le panache tricolore → Le temps des républiques

6 Raymond Devos écrit surtout des monologues.
Le personnage principal de ses sketches est le langage.

7 Avoir des **cheveux** très longs : **sens propre**
Avoir un **cheveu** sur la langue : **sens figuré**
Prendre ses **jambes** à son cou : **sens figuré**
Se casser une **jambe** : **sens propre**
Avoir les **mains** sales : **sens figuré (ou sens propre)**
Se frotter les **mains** : **sens propre (ou sens figuré)**

8 J'ai la **clé** de l'énigme.
Cette fille est une vraie **perle**.
Ma distraction est **source** de bien des ennuis.
Elle prend son thé avec un **nuage** de lait.
Il joue avec le **feu**.
Ce garçon turbulent est un véritable **ouragan**.

9 Avoir les **yeux** plus grands que le ventre.
Avoir le **cœur** sur la main.
Donner sa **langue** au chat.
Mettre la **main** à la pâte.
Donner sa **main** à couper.
Avoir le **bras** long.
Être sur les **nerfs**.
Avoir une **dent** contre quelqu'un.

10 Ludovic n'est pas dans son assiette.

11 À toi de jouer !

4 À cheval !

1 Devenir un bon cavalier nécessite un long apprentissage.

Un cheval s'aborde toujours par la gauche.

L'harnachement du cheval s'appelle le licol.

2 C'est un endroit où l'on découvre comment faire du cheval avec des moniteurs.

Un apprenti cavalier doit apprendre à :

– s'approcher du cheval en l'abordant toujours par la gauche ;
– lui passer le licol ;
– lui mettre le tapis de selle et la selle ;
– monter dessus ;
– trouver et garder l'équilibre ;
– contrôler et diriger le cheval ;
– se déplacer à différentes allures.

Les différentes allures du cheval sont le pas, le trot et le galop.

Chaque séance se termine toujours par la toilette du cheval.

3 L'intrus : **une équation**.

4 Pour avancer : on ferme les jambes, on serre les mollets.

Pour s'arrêter : on ferme les mains sur les rênes, puis on tire doucement en arrière en levant légèrement les mains.

Pour changer de direction : on se sert des rênes.

5 Les Mésopotamiens ont découvert comment maîtriser un cheval : avec des rênes et un mors.

Les guerriers mongols ont mis au point les équipements du cavalier : la selle et les étriers.

Ce sont les petits chevaux d'Asie centrale.

6 Il y a **5 000** ans, en Mésopotamie, l'homme découvre comment maîtriser le cheval. Le Pony Express nécessitait **600** chevaux pour aller de la côte est à la côte ouest. Il existe plus de **180** races de chevaux.

7 le pinto → le cheval des Indiens

le buveur de vent → le pur-sang arabe

8 Le Pony Express servait à porter le courrier avant la construction du chemin de fer.

9 Mots en vert : équestre – écuyer – équidé – équitation.

Mots en rouge : hippique – hippisme – hippopotame – hippocampe – hippodrome.

Mots en bleu : cavalcade – cavalier – cavalerie – cavale.

10 **Piaffer** d'impatience.

Ruer dans les brancards.

Avoir mangé du **cheval**.

Prendre le **mors** aux dents.

Qui veut aller loin ménage sa **monture**.

Un remède de **cheval**.

Un **cheval** de bataille.

Mettre le pied à l'**étrier**.

Avoir une fièvre de **cheval**.

11

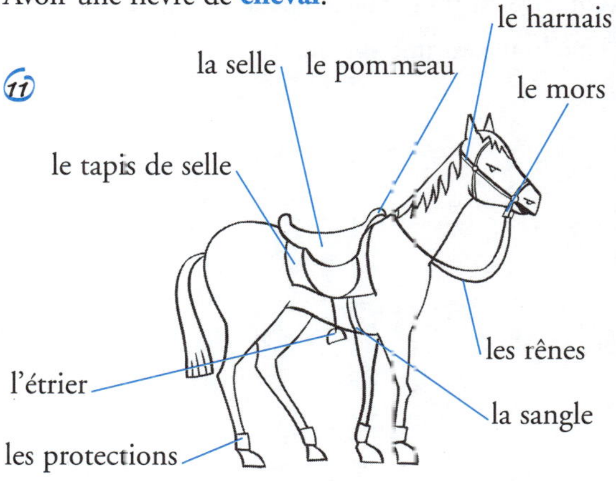

5 DESSINE UN CUBE

① Les instructions permettent de dessiner un cube en perspective.

On conseille d'utiliser du papier quadrillé.

② un carré de quatre carreaux de côté

les sommets

par des pointillés

③ Le cube → Il a 6 faces qui sont 6 carrés égaux.

La pyramide → Elle a 5 faces, 8 arêtes et 5 sommets.

Le pavé → Il a 6 faces, 8 sommets, 12 arêtes.

④

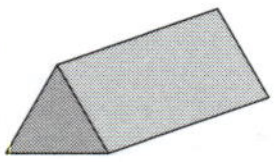

prisme

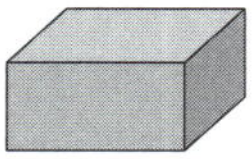

parallélépipède rectangle

cylindre

cône

sphère

⑤ Le cube → des carrés

Le cylindre → des cercles

La pyramide → des triangles

Le pavé → des rectangles

⑥ Un dé est un cube.

Un livre est un parallélépipède rectangle.

Une boule est une sphère.

⑦ Un cube est un parallélépipède dont les **6** faces sont identiques ; ses **12** arêtes ont toutes la même longueur. Les points d'un dé sont disposés de telle sorte que la somme des deux faces opposées est égale à **7**. Il existe **11** patrons différents pour faire un cube.

⑧ Le cubisme est un mouvement artistique né au début du XXe siècle.

Les principaux peintres cubistes sont Cézanne, Picasso, Léger, Braque et Delaunay.

⑨

	Nombre de faces visibles	Nombre de faces cachées	Nombre d'arêtes	Nombre de sommets
A	3	3	12	8
B	1	0	0	0
C	2	3	9	6
D	3	3	12	8
E	2	2	6	4
F	2	1	2	0
G	4	4	18	12
H	3	3	12	8
I	1	1	1	1

⑩

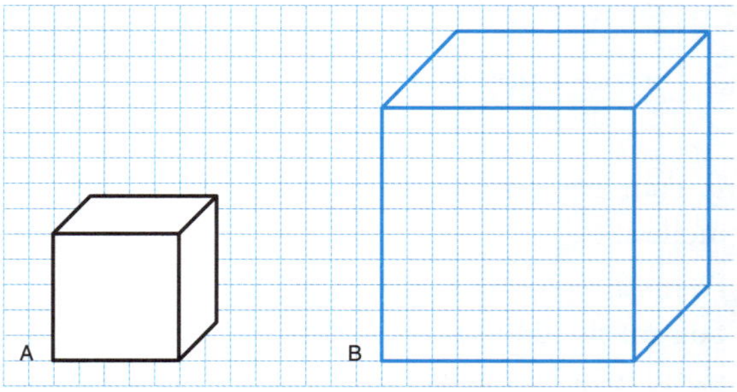

⑥ Un portrait célèbre : François Ier

① Le nom du roi : **François Ier**.

Le nom du peintre : **Jean Clouet**.

La date à laquelle ce tableau a été terminé : **vers 1530**.

② **V**

V

F (Le roi porte des vêtements brillants réalisés avec des tissus luxueux.)

F (On ne voit que son buste.)

F (Le roi porte un chapeau.)

F (Le roi a une expression aimable.)

③ L'ampleur du pourpoint par rapport à la petitesse du visage donne une impression de puissance et de majesté.

Le pourpoint est brodé de fils d'or.

Le roi porte un chapeau de velours noir avec des plumes de cygne ornées de pierres précieuses.

Le roi a environ 35 ans.

La couronne royale apparaît sur la tapisserie.

François Ier régna à l'époque de la Renaissance.

④ Le pourpoint brodé de fils d'or ou les manches de satin et de velours ou la chaîne d'or avec un pendentif ou le chapeau avec des plumes de cygne ornées de pierres précieuses.

⑤ **V**

F (Le roi réunit autour de lui les Grands du royaume.)

V

V

V

F (On le surnommait « le roi chevalier ».)

⑥ Le français qu'on utilisera sera celui qui se parle en Île-de-France.

Le collège fondé par le roi s'appelle aujourd'hui le Collège de France.

⑦ Le château de Chambord a été édifié au cœur d'une vaste forêt parce que François Ier était passionné de chasse.

⑧ Le château de Chambord comporte **440** pièces, **70** escaliers et des salons pouvant accueillir des **centaines** de personnes. La cour qui va de château en château se déplace avec **18 000** chevaux, **6 000** cavaliers et **12 000** piétons. François Ier a fondé le Collège des lecteurs royaux en **1530**.

⑨ édifier : **construire**

une demeure : **un château ou un palais**

se déplacer : **voyager**

vaste : **grand**

⑩

R	C	P	O	U	V	O	I	R
P	O	R	T	R	A	I	T	U
O	C	Y	G	N	E	O	O	R
E	F	R	A	N	C	O	I	S
T	I	T	A	L	I	E	L	R
E	P	E	I	N	T	R	E	S

Le mot mystère est : **COUR**.

⑪ Pour t'aider, tu peux comparer les couleurs, les éléments du costume, le décor dans lequel se trouve le personnage, son attitude...

7 Tous terriens !

1 Adjectifs employés dans les sous-titres : différents, inégaux, solidaires.

2 Notre planète ressemble à un grand bateau.

La population est répartie de manière inégale.

Tous les hommes appartiennent à une même grande famille.

La plus grande différence est l'inégalité face au partage des richesses.

3 Le pays qui bat les records de la plus forte densité est le Bangladesh.

Le pays où il y a le moins d'habitants au km^2 est l'Australie.

Le pays qui rassemble un cinquième de la population mondiale est la Chine.

4 Les hommes appartiennent à l'espèce humaine.

Les pays les plus industrialisés sont situés en Europe, en Amérique du Nord, en Australie et au Japon.

Les habitants du tiers monde souffrent de la faim et de la pauvreté.

5 **V**

F (Un quart de la planète vit avec moins d'un euro par jour.)

F (Certaines familles ont une vie très difficile même dans les pays riches.)

V

V

F (Tous les humains ont les mêmes droits et les mêmes devoirs.)

6 Chaque seconde, l'humanité compte **3** personnes de plus.

Aujourd'hui, près de **130** millions de personnes habitent un autre pays que leur pays de naissance.

Plus de **100** millions d'enfants ne vont pas à l'école.

7 Certaines personnes fuient leur pays à cause de la guerre, de la famine ou de la pauvreté.

L'eau, la terre et l'air doivent être protégés par tout le monde.

On doit lutter contre la pollution, préserver les richesses naturelles, protéger les espèces en voie de disparition et protéger la couche d'ozone.

8 Humain : **humanité**

Libre : **liberté**

Frère : **fraternité**

Égaux : **égalité**

9 C'est à toi de choisir l'ordre d'importance.

10 Applique-toi !

11 À toi de jouer !

8 Grandir, un jeu d'enfant !

1 Le titre du document : **Grandir, un jeu d'enfant !**

Les sous-titres : **Un grand chantier en construction**

Petit os deviendra grand

Le calcium, bâtisseur d'os

2 **V**

F (Tous les organes du corps grandissent.)

V

V

V

F (Tous les produits laitiers sont riches en calcium.)

3 À la naissance, tu mesurais environ 50 **centimètres**. Aujourd'hui, tu fais plus de 1 **mètre**. Tu vas grandir jusqu'à environ 20 **ans**. Le corps humain contient 1 à 2 **kg** de calcium.

4 L'hormone de croissance apporte le message « grandis ».

Cette hormone travaille pendant le sommeil.

Les os s'allongent, s'épaississent et se solidifient.

Le calcium est indispensable à l'os.

5 Les produits laitiers : yaourt, beurre, lait, fromage, crème.

6 Avant 1 an, un bébé grandit de 2 cm par mois.

La deuxième année, un bébé grandit de 1 cm par mois.

7 Pendant l'enfance, la croissance est **lente** et **régulière**. À l'adolescence, une **nouvelle** poussée de croissance prépare ton **futur** corps d'adulte.

8 Un quart de litre de lait, 2 yaourts, 30 g de gruyère, 80 g de camembert.

9 Des fruits frais (oranges, clémentines), des fruits secs (noix, amandes), des légumes frais (salade, épinards) et certains produits de la mer.

10 **1** bébé

2 enfant

3 adolescent

4 adulte

5 vieillard

11

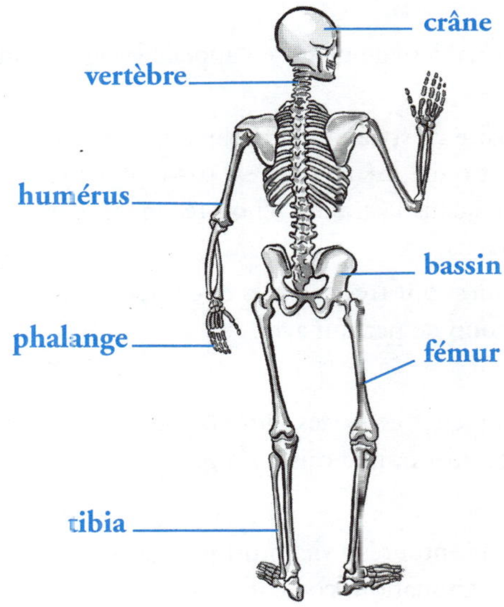

12

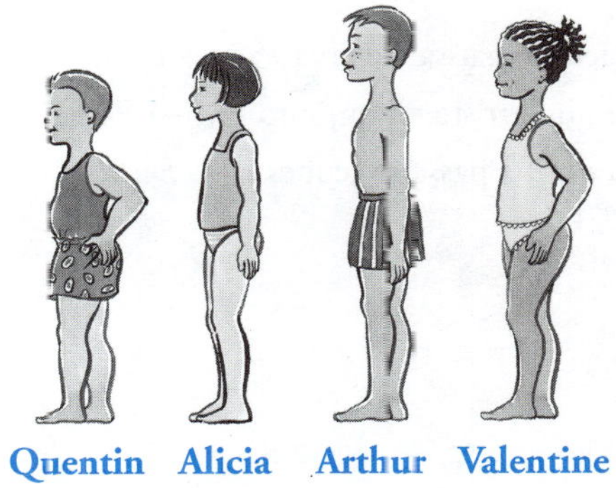

9 UN PEINTRE, UN STYLE

1 Le prénom et le nom du peintre : **Robert Combas**.

Le titre de la toile : **Les Musiciens**.

2 **F** (Tout l'espace de la toile est couvert.)

V

F (Il y a beaucoup de personnages.)

V

F (Un trait, souvent noir, entoure la couleur.)

F (Les traits, les lignes, les espaces ou les couleurs sont les sujets du tableau dans la peinture abstraite.)

3 Sa manière de peindre s'appelle la figuration libre.

On parle de style figuratif parce qu'on reconnaît le sujet traité même s'il n'est pas représenté comme dans la réalité. Ici on reconnaît des musiciens.

Ses toiles sont très colorées et comportent beaucoup de personnages.

4 Étiquettes coloriées : un saxophone, un violon, un accordéon, une caisse claire.

5 Mots entourés : vie, musique, gaieté, humour, réalité, animation, couleur.

6 Lieu de naissance en 1957 → Lyon

Lieu où l'artiste vit aujourd'hui → Paris

Lieu où il a passé sa jeunesse → Sète

7 Combas peint des toiles très **libres**, très **colorées**, assez **violentes** parfois, avec beaucoup de **personnages** qui sont souvent en train de se battre ou de se faire des **farces**.

8 Le mot anglais « fun » signifie « gai ».

Tout peut déclencher l'imagination du peintre.

Les couleurs semblent sortir de la nuit, du cosmos.

9 Réaliser une idée. → Improviser.

Suivre une idée. → Changer de sujet.

10

C	P	E	I	N	T	N
T	O	I	L	E	S	U
N	F	M	I	G	A	I
O	R	O	B	E	R	T
I	L	T	R	A	I	T
R	E	V	E	U	S	N

Le mot qui reste : **FUN**.

11 cube → cubisme

point → pointillisme

abstrait → abstraction

impression → impressionnisme

figuratif → figuration

12 À toi de jouer !

10 Poésie en pluie

1 Le nom de l'auteur : **Raymond Queneau**.

Le titre du poème : **Il pleut**.

Le titre du recueil : **Les Ziaux**.

2 Mots coloriés : averse, mouille, eau, parapluie, pèlerines, pluie, humides.

3 **V**

F (Seul le premier vers commence par une majuscule.)

F (Le texte n'est pas découpé en strophe.)

V

F (Tous les vers n'ont pas la même longueur.)

F (L'auteur aime avoir les pieds mouillés et les cheveux humides.)

4 Étiquettes coloriées : BIEN-ÊTRE, RYTHME, HUMOUR, MUSIQUE.

5 Un parapluie sert à se protéger de la pluie.

Un paraverse protège de l'averse.

Un paragoutte protège des gouttes de pluie.

6 imperméable : **agréable**

ô : **eau**

friser : **mouillés**

paragoutte : **gouttes**

7 L'année de naissance de Raymond Queneau : **1903**.

Ce qu'il a étudié : **les mathématiques et la philosophie**.

Le titre d'un de ses romans : **Zazie dans le métro**.

8 Titres entourés : Battre la campagne, Courir les rues, Fendre les flots.

9 Juliette Gréco.

On dit que Raymond Queneau joue avec le langage parce qu'il invente des mots.

Ce recueil est fait d'une multitude de bandes de papier.

10 UN ZOIZEAU : **un oiseau**

LES DOUAS : **les doigts**

LES OUATURES : **les voitures**

UN TAKSI : **un taxi**

UN OUISQUI : **un whisky**

KÉKCHOSE : **quelque chose**

11 Bien placés bien choisis
quelques mots font une **poésie**
les mots il suffit qu'on les **aime**
pour écrire un **poème**
on ne sait pas toujours ce qu'on dit
lorsque naît la poésie
faut ensuite rechercher le **thème**
pour intituler le poème
mais d'autres fois on pleure on **rit**
en écrivant la poésie
ça a toujours kékchose d'**extrême**
un poème

11 Quelle heure est-il ?

1 Les premiers calendriers furent inventés par les Mésopotamiens.

Les premiers calendriers étaient basés sur les mouvements de la Lune.

Les Égyptiens divisèrent l'année en 12 mois de 30 jours.

2 La journée fut la seule unité de mesure tant que les hommes ont vécu de l'agriculture et de l'élevage.

L'instrument qui utilise l'ombre du soleil s'appelle un cadran solaire.

Un cadran solaire ne fonctionne pas par temps nuageux et la nuit.

3 **V**

F (Le sablier permet de mesurer des durées.)

V

F (Les premières horloges datent du XIIIe siècle.)

4 un mois **lunaire**

les premières horloges **mécaniques**

un petit courant **électrique**

un cadran **solaire**

le mouvement **régulier**

l'heure **solaire** ou l'heure **légale**

5 Un cadran solaire, une clepsydre, une horloge, un sablier, une montre.

6 Un jour est le temps mis par la Terre pour effectuer un tour sur elle-même.

7 **F** (La seconde est l'unité internationale de temps.)

V

F (Un homme d'équipage était chargé de surveiller le sablier.)

8 Le temps d'un jour est divisé en **24** heures. En hiver, nous avons **1** heure de décalage sur l'heure solaire. La surface de la Terre est divisée en **24** zones. La mesure du temps, en base **60**, nous vient des Babyloniens.

9 Heure : **horaire**

Nation : **international**

Sable : **sablier**

Retournement : **retourner**

10 Une heure, c'est **soixante** minutes. Une minute, c'est **soixante** secondes.

11 La carte est partagée en **24** fuseaux.

Les États-Unis comptent **6** fuseaux.

Quand il est midi à Paris, il est :

6 h à New York,

8 h à Rio de Janeiro,

20 h à Tokyo,

13 h à Moscou.

En partant de Paris, vers l'ouest, il faut **reculer** sa montre d'une heure à chaque fuseau horaire et en partant vers l'est, il faut **avancer** sa montre d'une heure à chaque fuseau horaire.

12 Il y a **60** secondes dans une minute.

Il y a **3 600** secondes dans une heure.

Il y a **86 400** secondes dans une journée.

Il y a **600** secondes dans dix minutes.

Il y a **18 000** secondes dans cinq heures.

12 Le pont Mirabeau

1 Le titre de la chanson : **Le pont Mirabeau**.

Le nom de l'auteur du poème : **Guillaume Apollinaire**.

Le nom des personnes qui l'on mis en musique : **Bruno Clavier et Paul Maucourt**.

2 **V**

F (Il y a aussi des blanches.)

F (Le refrain commence en la et le couplet en do.)

V

V

V

3 Vienne la nuit sonne l'heure
les jours s'en vont et je demeure

4 On parle de la Seine.

Il se nomme le pont Mirabeau.

La joie vient après la peine.

5 Vienne la nuit sonne l'heure
Les jours s'en vont je demeure
Sous le Pont Mirabeau coule la Seine
Passent les jours et passent les semaines
Ni temps passé
Ni les amours reviennent

6 Les Peintres cubistes.

Léo Ferré.

7 Date de naissance de Guillaume Apollinaire : **1880**.

Date de sa mort : **1918**.

Date de publication du *Pont Mirabeau* : **1920**.

8 **V**

F (Certaines n'en ont pas.)

F (Le refrain a les mêmes paroles.)

V

F (Seules les paroles changent.)

9 Le pont Mirabeau se trouve à l'ouest de Paris.

Mirabeau était un personnage célèbre de la Révolution.

10 Grille :

1 Alcools

2 Amour

3 Paris

4 Seine

5 Mirabeau

6 Léo

7 Pont

Le mot mystère est **APOLLINAIRE**.

11 Passent les jours passent les **semaines**
Ni le temps passé ni les amours **reviennent**
Sous le pont Mirabeau coule la **Seine**

12 Vérifie bien ton travail en te reportant au refrain de la première page de ta fiche.

13 MERS ET OCÉANS

1 Le titre : **Mers et Océans**.

Les sous-titres : **Que d'eau !**

Le premier océan

Mer ou océan ?

Le fond des mers est-il plat ?

2 **F** (L'eau recouvre les deux tiers du globe.)

F (L'océan Pacifique est l'océan le plus grand.)

V

F (Les cinq océans communiquent entre eux.)

F (Le relief sous-marin est composé de montagnes, de volcans et d'abysses.)

V

3 L'océan Pacifique, l'océan Atlantique, l'océan Indien, l'océan Arctique, l'océan Antarctique.

4 Les océans séparent les continents.

Les mers sont enfermées dans les terres.

5 L'océan Atlantique est apparu quand les continents se sont séparés.

Le relief sous-marin est composé de montagnes, de volcans et de grandes fosses.

L'eau des océans est en mouvement parce qu'elle subit l'action des vents et le phénomène des marées.

6 Il mesure 9 000 km du nord au sud : **l'océan Indien**.

Il mesure 16 000 km à l'équateur : **l'océan Pacifique**.

Il a une superficie de 83 millions de km^2 : **l'océan Atlantique**.

7 On appelle abysse une fosse sous-marine.

Les eaux marines ont des températures variables.

8 Le point le plus bas se trouve dans l'océan Pacifique, dans la fosse des Mariannes.

La mer gelée devient une bouillie glacée.

9 L'océan Pacifique a une superficie de **127** millions de km^2. Les eaux les plus chaudes ont une température de **25** à **30** °C. La mer gèle à – **2** °C. La profondeur la plus grande est de **11 035** mètres.

10

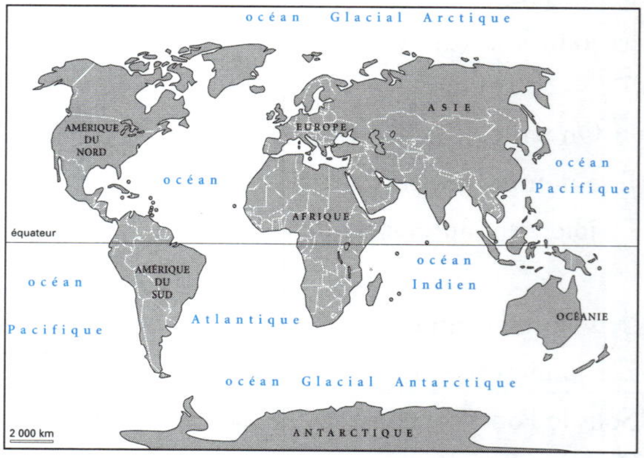

11 Les océans occupent **70,8 %** du globe.

L'océan **Antarctique** occupe 5,8 %.

L'océan Arctique occupe **2,7 %**.

L'océan **Atlantique** occupe 15,9 %.

L'océan Pacifique occupe **32,3 %**.

14 Histoire télégramme

1 Le nom de l'auteur de cette histoire : **Bernard Friot**.

Le titre du livre : **Nouvelles Histoires pressées**.

Le nom de la collection : **Zanzibar**.

Le nom de l'éditeur : **Milan**.

2 L'auteur a écrit une histoire qui ressemble à un conte.

Il a écrit son histoire sous la forme d'un télégramme.

Cela produit un effet comique.

3 Il s'agit d'histoires très courtes dans lesquelles seuls les éléments principaux ressortent.

Les personnages, les multiples aventures et la fin font penser à un conte.

Une réduction qui consiste à payer les transports en train moins cher (pour les familles ayant beaucoup d'enfants).

4 Un dragon a enlevé la princesse. Le roi demande aux chevaliers de la sauver. Trois chevaliers attaquent le dragon.

5 **V**

V

V

F (Le deuxième a été écrabouillé.)

V

V

6 Le texte doit être court car chaque lettre et chaque signe sont payants.

C'est le facteur qui apporte le télégramme.

L'alphabet morse est constitué de traits et de points.

7 La première transmission par télégraphe date de **1837**.

Le téléphone a été inventé en **1876**.

8 télévision

télésurveillance

téléviseur

télépathie

téléguider

télécommunications

télescope

9 premier chevalier carbonisé

deuxième écrabouillé

troisième avalé tout cru

roi désespéré

facteur idée

envoie lettre piégée au dragon

10 Ils se marièrent, vécurent heureux et eurent beaucoup d'enfants.

11 HANSEL GRETEL PERDUS DANS FORET – CAPTURES PAR SORCIERE MAISON PAIN D'EPICE

12 À toi de jouer !

15 Le premier tour du monde

1 Noms cochés : le gouvernail, la boussole.

2 Ces bateaux s'appellent des caravelles.

On entreprend ces longs voyages pour mieux connaître le monde, faire du commerce et conquérir des terres nouvelles.

Magellan a prouvé que la Terre est ronde.

3 **F** (Magellan est parti d'Espagne.)

V

F (Un seul bateau est rentré au port.)

F (Le détroit de Magellan relie l'océan Atlantique à l'océan Pacifique.)

V

F (Magellan a été assassiné dans les îles Philippines.)

V

4 les bateaux **à voiles**

le détroit de **Magellan**

le temps des **explorateurs**

le tour du **monde**

le capitaine d'un **autre bateau**

de longs voyages en **haute mer**

5 Magellan **partit** de Séville.

Il **fit** escale au Brésil.

Un bateau **coula**.

Le capitaine **refusa** de continuer.

6 La Renaissance est appelée le temps des grandes découvertes.

Le gouvernail a remplacé la rame.

La caravelle de Christophe Colomb s'appelait la *Santa Maria*.

7 L'aiguille mobile aimantée de la boussole indique le nord.

On attribue l'invention de la boussole aux Chinois.

8 Christophe Colomb les appelle des « Indiens » parce qu'il se croyait aux Indes.

9 Grille :

1 Colomb

2 Séville

3 Indes

4 Magellan

5 Boussole

6 Détroit

Le bateau mystérieux est la **CARAVELLE**.

10 Bartolomeu DIAS : **Il a le premier doublé le cap de Bonne Espérance**.

Vasco de GAMA : **Il a le premier atteint les Indes par voie maritime**.

Jacques CARTIER : **Il a découvert le Canada**.

11

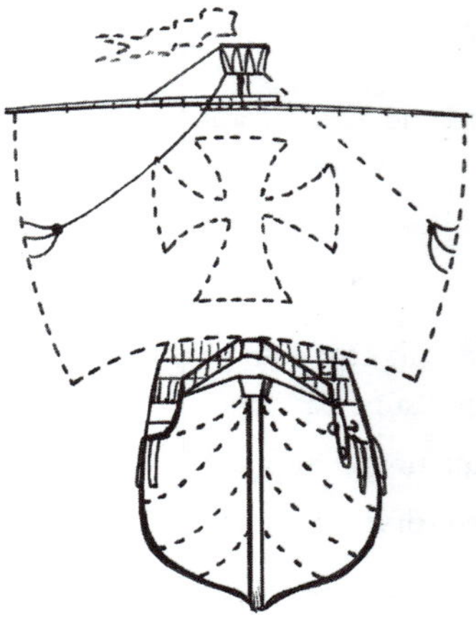

16 LA CONQUÊTE SPATIALE

① Le titre du document : **La conquête spatiale**

Les sous-titres : **Petit historique**

De nombreux satellites

② 1957 → Les Russes lancent le premier satellite.

1961 → Gagarine quitte la Terre à bord d'un vaisseau spatial.

1965 → Leonov est le premier piéton de l'espace.

1969 → Armstrong et Aldrin marchent sur la Lune.

1979 → La fusée *Ariane* lance le premier satellite européen.

③ Les Russes et les Américains étaient en compétition pour la conquête de l'espace.

Le premier satellite russe se nommait Spoutnik 1.

Le vol de Gagarine dura 108 minutes.

La navette s'est arrimée à la station orbitale russe Mir.

Les programmes spatiaux s'intéressent aux planètes plus lointaines et à l'espace extérieur au système solaire.

④ **F** (Plus d'un millier de satellites tournent autour de la Terre.)

V

F (Il tourne autour de la Terre au-dessus de l'équateur.)

V

V

⑤ Un satellite est un astre qui tourne autour d'un autre.

⑥ Spoutnik – Spot – Hélios.

⑦ On a glissé un message pour que d'éventuels extraterrestres comprennent d'où viennent les sondes et qui nous sommes.

Une sonde spatiale est un engin dont la vitesse de lancement lui permet de s'éloigner de la Terre.

En apesanteur, les hommes et les objets flottent dans l'espace.

⑧ **F** (Le satellite de Saturne s'appelle Titan.)

V

V

V

⑨

un satellite de communication

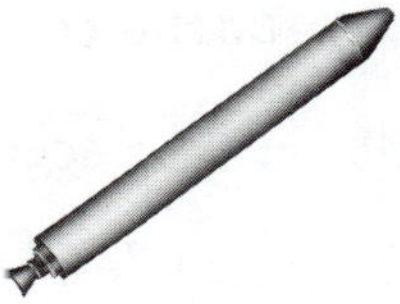

la fusée Ariane

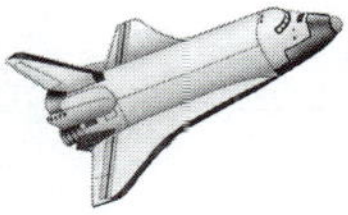

la navette Columbia

la capsule Apollo

⑩ Grille :

1 Gagarine

2 Armstrong

3 Aldrin

4 Leonov

Le lanceur mystère est **ARIANE**.

⑪ un engin **spatial**

une combinaison **spatiale**

un vaisseau **spatial**

la conquête **spatiale**

des engins **spatiaux**

une navette **spatiale**

⑫ C'est un petit pas pour l'homme, mais un pas de géant pour l'humanité.

Le cavalier de la nuit

1. Du haut de la dune

Colorie l'étiquette qui porte le nom de l'auteur de ce récit.

Marie-Claude Auger | Krista Ruepp

Écris le nom des deux personnages qui dialoguent.

La fillette s'appelle Emmanuelle ou Manu.

Le vieil homme s'appelle Corentin.

Coche ce qui est vrai.

- ☐ La scène se passe à l'intérieur d'un bateau.
- ☐ C'est le matin.
- ☒ Les deux personnages sont sur la dune.
- ☒ Le brouillard se lève.
- ☐ Le vieux Corentin raconte toujours des histoires amusantes.
- ☐ Manu est un garçon.

Réponds.

Qui va, d'après Corentin, revenir rôder dans la nuit ? Les âmes des marins qui ont péri en mer vont revenir rôder.

Qu'est-ce qui enveloppe l'île dans un nuage de mystère ? Le brouillard enveloppe la petite île dans un nuage de mystère.

Pourquoi Manu frissonne-t-elle ? Manu frissonne parce que le vieux Corentin raconte une histoire sinistre.

Écris un synonyme.

l'air songeur : l'air pensif

mourir en mer : périr en mer

des histoires effrayantes : des histoires sinistres

Écris toutes les expressions qui indiquent le lieu où la scène se passe.

Sur Douannec, du haut de la dune, la mer, la petite île.

2. Manu

Coche ce qui correspond au portrait de Manu.

- ☒ Ses cheveux sont roux.
- ☒ Ses yeux sont bleus.
- ☒ Elle a les cheveux en bataille.
- ☒ Ses cheveux sont courts.
- ☐ Elle a une cicatrice sur le front.
- ☒ Elle a des taches de rousseur.

Complète.

Elle portait de vieux jeans délavés, un pull marin bleu et des bottes en caoutchouc.

Réponds.

Quels sont les animaux qui vivent à la ferme de Manu ? Des vaches, des moutons, des poules, des oies, des canards et un cochon vivent à la ferme.

Pourquoi n'y a-t-il pas de chevaux ? Parce que le vieux cheval de labour est mort.

Que fait Manu chaque jour après l'école ? Après l'école, Manu va voir Orion.

Entoure la bonne réponse.

Le cheval s'appelle → (Orion.) / Pégase. / Flicka.

Le propriétaire du cheval s'appelle → Corentin. / (Maudec'h.)

Écris le pluriel des noms et des adjectifs.

un animal : des animaux

un local : des locaux

un canal : des canaux

vertical : verticaux

original : originaux

matinal : matinaux

un cheval : des chevaux

un journal : des journaux

un rival : des rivaux

normal : normaux

égal : égaux

mondial : mondiaux

3. Un certain Maudec'h

Complète les renseignements sur Maudec'h.

Son nom : Maudec'h. Son prénom : Antoine.

Le lieu où il habite : Douannec. Les sentiments que les gens ont à son propos : Ils ne l'aiment guère.

Entoure les adjectifs employés dans le texte.

Il avait toujours l'air :

renfrogné	sinistre	bizarre	drôle
râleur	triste	bougon	sombre

Recopie ce que dit la vieille Bertha.

Un nom pareil et un air aussi sombre, ça ne peut rien donner de bon.

Entoure ce qui est vrai.

Personne ne parle à → Manu. / → Maudec'h.

Tout le monde donne raison à → Bertha. / → Maudec'h.

Manu apporte toujours quelque chose à → Antoine. / → Orion.

Réponds.

Que donne Manu à Orion ? Elle lui donne une carotte, un morceau de pain ou une pomme.

Que fait-il quand il la voit ? Orion se précipite vers Manu en hennissant.

Conjugue à l'imparfait.

Quand elle (va) allait voir Orion, Manu lui (apporte) apportait toujours quelque chose. Le cheval (se précipite) se précipitait vers elle. C'est ainsi qu'ils (sont) étaient devenus amis.

4. Un rêve secret

Réponds.

Quel est le rêve de Manu ? Manu rêve de monter Orion et de galoper avec lui sur la plage.

Où rencontre-t-elle Maudec'h ? Elle rencontre Maudec'h chez le boulanger.

Que lui demande-t-elle ? Elle lui demande si elle pourra monter Orion.

Pourquoi Manu est-elle déçue ? Parce que Maudec'h refuse de répondre à sa question.

Ordonne les actions de Manu.

- [3] Elle prend son courage à deux mains.
- [1] Elle rêve depuis toujours de monter Orion.
- [2] Elle rencontre Maudec'h par hasard.
- [5] Elle sort de la boulangerie déçue.
- [4] Elle n'obtient pas de réponse.

Complète avec les verbes.

Une scène revenait constamment dans ses rêves : elle était sur le dos d'Orion. Les vagues étincelaient, l'eau giclait, elle entendait le martèlement des sabots du cheval sur le sable.

Entoure l'adjectif employé dans le texte.

le rêve → fou / **(secret)** / habituel

une nuit → sinistre / **(agitée)** / calme

le sable → **(doux)** / mouillé / dur

la fillette → enchantée / **(déçue)** / désolée

5. Manu va voir Orion

Écris V (vrai) ou F (faux).

V Manu raconte son rêve à Orion.

V Une nuit, le vent se lève.

F Le bruit du vent réveille toute la famille.

F Manu se cache au fond de son lit.

V Manu sort dans la nuit retrouver le cheval.

F Le cheval est à l'écurie.

Réponds.

Pourquoi Manu s'est-elle réveillée ? Parce que le vent a fait claquer le volet.

Que fait-elle ? Elle se glisse hors de son lit et sort de la maison.

Colorie les cases où le verbe est conjugué au futur.

j'arrive	j'arrivais	j'arriverai
je verrai	je vis	je voyais

Entoure en rouge les expressions qui ont un rapport avec le temps, en bleu celles qui indiquent la manière.

à tâtons	le lendemain	un jour
une nuit	doucement	sans bruit
en courant	soudain	légèrement

Écris l'adverbe qui correspond à l'adjectif.

simple : simplement

long : longuement

léger : légèrement

doux : doucement

courant : couramment

6. Enfin !

Recopie les expressions qui montrent que le cheval est heureux de voir Manu.

Il vint frotter sa tête contre la fillette.

Orion secoua joyeusement la tête en hennissant.

Réponds.

Que met Manu à Orion ? Elle lui met un harnais.

Comment la fillette fait-elle pour monter sur son dos ? Elle grimpe sur un tronc d'arbre et saute sur son dos.

Où Manu va-t-elle avec le cheval ? Elle va sur la plage.

Écris V (vrai) ou F (faux).

- V Le cheval sent bon l'herbe fraîche.
- F Manu lui met une selle de cuir.
- F Ils vont dans la forêt.
- V La fillette est une excellente cavalière.
- V La scène se passe la nuit.
- F Orion et Manu sont seuls.

Colorie le verbe employé dans le texte.

Le vent [joua / **jouait**] dans sa crinière.

Le cheval [**dressa** / dressait] les oreilles.

Manu lui [**mit** / mettait] le harnais.

Des couronnes d'écume [dansèrent / **dansaient**] sur la crête des vagues.

Écris *seul*, *seuls*, *seule* **ou** *seules*.

Le cheval galope seul sur la plage. Manu est la seule à monter Orion. Ils ne sont pas seuls . Seules les vagues font de l'écume.

7. Un sixième sens

Entoure la bonne réponse.

La personne qui voit Orion et Manu galoper la nuit sur la plage est
- Antoine Maudec'h.
- le père Corentin.
- le père de Manu.

Réponds.

Qu'est-ce qui s'annonce ? Une tempête s'annonce.

De quoi le père Corentin prévient-il les paysans ? Il les prévient que la mer va inonder leurs terres.

Pourquoi les gens écoutent-ils ses conseils ? Parce qu'ils disent qu'il a un sixième sens.

Quel spectacle incroyable le père Corentin observe-t-il ? Il voit un cheval blanc avec un cavalier galoper à travers les embruns.

Entoure en vert les expressions qui indiquent le temps, en rouge celles qui indiquent le moment et en bleu celles qui indiquent le lieu.

sur la dune — une fois de plus — quand — les jours de tempête

à travers les embruns — devant la lune

souvent — dans les vagues — à nouveau

Réponds par « oui » ou par « non ».

Le père Corentin est-il inquiet ? oui

Sent-il une tempête arriver ? oui

Les gens se moquent-ils de ses conseils ? non

Orion et Manu avancent-ils vers le père Corentin ? non

Recopie l'expression qui indique que le père Corentin craint qu'un malheur n'arrive.

Ce doit être le diable en personne pour galoper comme ça ! C'est mauvais signe, mauvais signe…

8. Orion a disparu !

Coche ce qui est vrai.

- ☐ Monsieur Maudec'h est réveillé par le père Corentin.
- ☐ Il voit qu'Orion est à l'écurie.
- ☒ Il soupçonne Manu d'avoir emmené Orion.
- ☐ Il se rend chez la jeune fille.

Recopie les phrases dans le tableau.

Tu ne perds rien pour attendre. Elle va m'entendre ! C'est fantastique !

Elle n'a pas froid aux yeux. Il était impressionné. Tu vas voir un peu.

Expressions qui indiquent la colère.
Tu ne perds rien pour attendre. Elle va m'entendre ! Tu vas voir un peu.

Expressions qui montrent l'admiration.
Elle n'a pas froid aux yeux. Il était impressionné. C'est fantastique !

Ordonne ces phrases qui concernent Maudec'h.

- [2] Il va jusqu'à la fenêtre.
- [1] Il est réveillé par les aboiements de son chien.
- [3] Il court jusqu'à la plage.
- [5] Il bout de colère.
- [4] Il aperçoit Orion et Manu.

Écris une expression du texte synonyme.

stupéfait : impressionné

la tempête se déchaînait : elle faisait rage

il pensa : il songea

c'est extraordinaire : c'est incroyable

rapidement : précipitamment

il s'arrêta : il s'immobilisa

9. L'accident

Explique.

Pourquoi Manu et Orion doivent-ils faire demi-tour ? Parce qu'ils ont atteint l'extrémité de la plage.

Pourquoi Manu a-t-elle peur ? Parce qu'elle ne peut pas retenir Orion.

Pourquoi Manu perd-elle l'équilibre ? Parce qu'Orion a fait un bond de géant au-dessus d'un morceau de bois.

Pourquoi Maudec'h se précipite-t-il ? Parce que les vagues allaient emporter Manu.

Écris qui est désigné par les mots soulignés : Manu, Orion **ou** Maudec'h.

<u>Elle</u> s'agrippa : Manu. <u>Ils</u> durent faire demi-tour : Manu et Orion.

<u>Elle</u> eut peur : Manu. <u>Elle</u> fut projetée sur le sable : Manu.

<u>Celui-ci</u> comprit ce qui s'était passé : Maudec'h.

<u>Il</u> chercha la fillette : Maudec'h. Il <u>la</u> prit dans ses bras : Manu.

Entoure la bonne réponse.

Manu est projetée
- sur un morceau de bois.
- (sur le sable.)

Maudec'h arrive
- trop tard.
- (juste à temps.)

Le cheval disparaît
- (derrière la dune.)
- dans les vagues.

Manu a failli être
- (emportée par les vagues.)
- piétinée par le cheval.

Récris ces phrases en conjuguant les verbes au passé simple.

Manu **serre** la bride. Manu serra la bride.

Elle **perd** l'équilibre. Elle perdit l'équilibre.

Le cheval **passe** au galop. Le cheval passa au galop.

Maudec'h **comprend** ce qui s'était passé. Maudec'h comprit ce qui s'était passé.

Il **cherche** la fillette. Il chercha la fillette.

Il **se précipite** pour la sauver. Il se précipita pour la sauver.

10. Cela aurait pu mal tourner !

Réponds.

Où Manu se trouve-t-elle ? Manu est chez Maudec'h.

Qui est le nouveau personnage dont on parle ? On parle du docteur Tanguy.

Pourquoi Maudec'h ne fait-il pas venir le médecin ? Parce que Manu ouvre les yeux.

Quand Orion devient-il fou ? Il devient fou quand le vent souffle dans ses naseaux.

Complète ces phrases négatives.

N'aie pas peur. Il ne faut jamais monter un cheval qu'on ne connaît pas.

Il arrive qu'on ne puisse plus le retenir.

Tu ne pouvais pas savoir.

Coche la bonne réponse.

« Cela aurait pu mal tourner » signifie :

- ☐ il aurait pu aller à un mauvais endroit.
- ☒ il aurait pu arriver malheur.

« Manu renifla » signifie :

- ☒ elle pleurnicha un peu.
- ☐ elle respira très fort.

Colorie les étiquettes avec des verbes conjugués au passé composé.

Tu as de la chance.	Tu as fait une chute.	Orion rentre dans le pré.
Tu as eu de la chance.	Tu fais une chute.	Orion est rentré dans le pré.

Écris le verbe à l'infinitif qui correspond aux verbes conjugués.

Il arrive qu'on ne **puisse** plus le retenir. Cela **aurait pu** mal tourner. Tu ne **pouvais** pas savoir. Je **pourrai** remonter Orion.

Il s'agit du verbe pouvoir.

11. Un réveil difficile

Réponds.

Où Manu est-elle maintenant ? Manu est chez elle.

Pourquoi la fillette est-elle bien fatiguée ? Parce qu'elle n'a presque pas dormi.

Quel aveu fait-elle ? Elle avoue qu'elle a monté Orion cette nuit.

Écris V (vrai) ou F (faux).

F Manu a dormi chez Monsieur Maudec'h.

V Ses parents ne se sont aperçus de rien.

V Manu doit se dépêcher d'aller à l'école.

Entoure en jaune les expressions qui indiquent le temps, en bleu celles qui indiquent la manière et en rouge celles qui indiquent le lieu.

quand — dans sa chambre — profondément — le lendemain matin

dans la cuisine — chez elle — sans faire de bruit — cette nuit — maintenant

Transforme les phrases comme dans le modèle.

Tu montes dans ta chambre. Tu vas monter dans ta chambre.

Tu dors bien. Tu vas bien dormir.

Tu fais de beaux rêves. Tu vas faire de beaux rêves.

Tu es fatigué. Tu vas être fatigué.

Tu es en retard. Tu vas être en retard.

Colorie le mot correct.

Manu est [remis / remise] de sa chute.

Elle est [assis / assise] dans la cuisine.

Elle était tout [endormie. / endormi.]

Elle semblait [fatigué / fatiguée.]

12. Tu tombes bien !

Relie.

Le matin • — • le père Corentin va voir les paysans de l'île pour les prévenir de rentrer les bêtes.

L'après-midi • — • la tempête se calme ; il commence à pleuvoir.

Explique.

Pourquoi les paysans doivent-ils rentrer leurs bêtes ? Parce que la mer va inonder les prés.

Pourquoi Corentin ne leur parle-t-il pas du cavalier de la nuit ? Parce qu'il ne veut pas inquiéter les paysans.

Pourquoi Maudec'h dit à Manu : « Tu tombes bien ! » ? Parce qu'elle va pouvoir l'aider.

Coche ce qui est vrai.

« La tempête redoublait de violence » signifie :
- ☐ la tempête perd de sa violence.
- ☒ la tempête devient de plus en plus violente.

« Il ne souffla mot » signifie : ☒ il ne dit rien. ☐ il parle en n'étant pas essoufflé.

Écris l'article défini qui convient : l' - le - la - les.

le père Corentin — l'après-midi — la même heure — les bêtes

l'écurie — la tempête — la mer — le cheval

Colorie le verbe employé dans le texte.

Manu et Maudec'h — soignent / soignaient / **soignèrent** — Orion ensemble.

Monsieur Maudec'h — a fait / **avait fait** / faisait — du feu dans la cheminée.

13. Monsieur Antoine...

Entoure la bonne réponse. Que désigne le mot « nous » (à la première ligne du texte).

Manu et Orion — (Maudec'h et Orion) — Manu et Maudec'h

Écris V (vrai) ou F (faux).

[F] Maudec'h et Manu boivent du thé.

[F] Maudec'h n'aime pas les gens du village.

[V] Il a toujours l'air de mauvaise humeur.

[F] Le nom de famille de Maudec'h est Antoine.

Explique.

Pourquoi Manu dit-elle merci à Maudec'h ? Parce qu'il l'autorise à l'appeler Antoine, mais comme elle est timide elle l'appelle monsieur Antoine.

Écris la question comme elle est posée dans le texte.

Avez-vous dit : nous ? Vous avez dit : nous ?

Sais-tu pourquoi les gens du village ne m'aiment pas ? Est-ce que tu sais pourquoi les gens du village ne m'aiment pas ?

Relie.

grincheux • — • de mauvaise humeur

joyeux • — • de bonne humeur

Écris le pronom qui convient : Nous - Vous - Ils.

Nous sommes parfois bien seuls.

Ils burent un chocolat.

Vous avez l'air de mauvaise humeur.

Ils parlent tout bas.

Vous pouvez m'appeler Antoine.

14. Un mystérieux cavalier

Réponds.

Qui sont les trois silhouettes qui se frayent un chemin à travers les flaques d'eau ?
Il s'agit du vieux Corentin, de Maudec'h et de Manu.

Que font les gens du village quand Maudec'h les salue ? Ils répondent à son salut.

Avaient-ils la même attitude avant ? Non, avant ils parlaient tout bas dans son dos.

De qui le père Corentin parle-t-il ? Il parle du mystérieux cavalier de la nuit.

Que dit-il à propos du cavalier ? Il dit qu'il filait à la vitesse du vent et que seul le diable peut galoper ainsi.

Sait-il qu'il s'agit de Manu ? Non, le père Corentin ne sait pas qu'il s'agit de Manu.

Coche ce qui est vrai.

Cette scène se passe :

- ☐ le lendemain de la nuit de la tempête.
- ☒ quelques jours après.
- ☐ très longtemps après.
- ☐ avant la scène de la tempête.

Colorie les expressions qui indiquent que le cheval était rapide.

Il filait à la vitesse du vent.	Il marchait le long de la mer.
Il avançait pas à pas.	Il galopait ventre à terre.

Complète avec les compléments du nom utilisés dans le texte.

les flaques d'eau

les gens du village

le cavalier de la nuit

la nuit de la tempête

un clin d'œil

le récit de Corentin

15. Un secret bien gardé

Réponds.

Pourquoi les villageois vont-ils souvent sur la falaise ? *Ils y vont dans l'espoir d'apercevoir le cavalier de la nuit.*

Que fait Antoine quand Manu monte Orion ? *Il l'accompagne avec son chien.*

Quelles sortes d'histoires Maudec'h semble-t-il apprécier ? *Il semble apprécier les histoires de revenants.*

Qui a l'habitude d'en raconter ? *C'est le père Corentin.*

Coche les bonnes réponses.

Les seuls qui connaissent le secret du cavalier de la nuit sont :

- ☒ Maudec'h
- ☐ le père Corentin
- ☒ Orion
- ☒ Manu
- ☐ la vieille Bertha
- ☐ le docteur Tanguy

Colorie la bonne étiquette.

PERSONNE / CORENTIN ne se douta jamais que Manu était le cavalier de la nuit.

MAUDEC'H / **MANU** pansait et brossait Orion.

Explique.

Quels sont les changements entre le début et la fin de l'histoire ? *Manu peut monter Orion et Maudec'h parle davantage avec les gens du village.*

Écris ce que tu penses de cette histoire.

À toi d'écrire ce que tu en penses : est-ce que tu as aimé l'histoire, les personnages ? Qu'est-ce que tu as moins aimé ?

Imprimé en France par I.M.E. - 25110 Baume-les-Dames
Dépôt légal : 63529-09/2005
Collection n° 72 - Édition n° 06
11/6355/9